担当になったら
知っておきたい

DIGITAL TRANSFORMATION

中堅・中小企業のための「DX」実践講座

船井総合研究所
デジタルイノベーションラボ

日本実業出版社

はじめに

DXを成功させるためには何が必要なのか？

　これからの企業において、デジタルを活用して業務やビジネスモデルを変革するDX（デジタルトランスフォーメーション）は絶対に避けて通れない道と言えます。また、新型コロナウイルス感染症拡大の影響もあり、DXへの期待は高まっていますが、実際にDXがうまくいくケースは少ないというのが実情です。なぜなら、DXを進める際に必ず立ちはだかる4つの大きな壁が存在するからです。

　1つ目の壁は、「全体最適視点の欠如」です。あなたの会社にもシステムやデジタルツールが導入されていると思います。しかし、それらは全体最適の視点で考慮した上で導入されていますか？　最近は、便利で安価なクラウドサービスが増えたことで、各部署単位で導入されることが多くなりました。その場合、全体最適ではなく、部分最適での導入になってしまいます。

　次に現れるのが2つ目の壁である「システムバラバラ問題」です。部分最適で導入されたシステムは他のシステムとつながっていないことが多いです。データが連携できず、二重入力が発生していたり、システムからcsvデータを吐き出して、それを集計しないといけないような非効率な作業が発生していたりします。

　3つ目の壁は、「DX推進の中心人物の不在」です。DXを推進しようと思うと、デジタルがわかっていて、業務にも詳しい人材が必要になります。普通の会社にはなかなかこのような人材はいません。

　4つ目の壁は、「目的の欠如」です。何事もそうですが、目的が明確でないものは成功しません。また、DXそのものが目的化してしまい、迷走するケースも少なくありません。DXはあくまでも手段です。DXで何を実現するのか？　何のためにDXするのか？　まずはここを明確にする必要があります。

　一見、越えるのが困難に見える壁ですが、しっかり対策を考えて実行計画を立てれば、越えられない壁はありません。その際に必要になるのが、「デ

ジタル化の設計図」です。DXを成功に導くためには、まずは業務のデジタル化を進める必要があります。

　本書では、DXを着実に実践するために必要となる、デジタル化の設計図（＝DXジャーニーマップ）の作り方、様々な業界におけるDXジャーニーマップ事例、リアルタイム経営の仕組み構築、自社に合ったデジタルツールの選定法、失敗しないDXプロジェクトの進め方を解説します。

　一般に語られるDXの多くの事例は大手企業のものです。もちろん、大手企業の事例も参考になるところはありますが、中堅・中小企業が実践しようとしてもなかなか真似できないことが多いのが実情です。本書では、中堅・中小企業が実践するためのノウハウと事例を提供し、業績向上、生産性向上につなげてもらうことを目的としています。

　社長から「ウチの会社のDXの推進は君に任せたぞ！」と無茶ぶりされても、本書があれば自信を持って進めることができるはずです。

　本書を通じて、皆様のDXプロジェクトが成功することを祈念しております。

2021年8月
株式会社船井総合研究所
デジタルイノベーションラボ

担当になったら知っておきたい
中堅・中小企業のための「DX」実践講座 ◎ もくじ

はじめに　DXを成功させるためには何が必要なのか？

第1章　なぜ、デジタル化は うまくいかないのか？

第2章　DXで実績を上げるための ストーリーを描く

第3章 | 自社の現状レベルを知る「DX診断」

第4章 DX設計図「DXジャーニーマップ」を作る

第5章　RPA×BIで実現する「リアルタイム経営システム」

第6章 │ 自社に合ったデジタルツールを選定する

第7章 │ 中堅・中小企業のDX成功事例

第8章 DX推進でよくある課題と対処法

第9章 失敗しないDXプロジェクトの進め方

巻末付録 中堅・中小企業のDXにおすすめのデジタルツール

カバーデザイン／志岐デザイン事務所（萩原睦）
本文DTP／一企画

第1章

なぜ、デジタル化は
うまくいかないのか？

1-1 間違い①：いきなりデジタルツールを導入してしまう

なぜ、デジタル化はうまくいかないのか？

その理由は、**間違った考えを持ったまま行動をとってしまう**からです。第1章では、デジタル化がうまくいかない間違った認識を改めることからスタートしましょう。

世の中、これだけDXだ、デジタルだと叫ばれていると、「ウチの会社も何かデジタル化していかないと時代に取り残される……」という一種の強迫観念に取りつかれてしまいます。

では、「どのようなデジタルツールを導入すればいいのか？」という話になりがちですが、**あまり深く考えずデジタルツールだけを導入しても、ほとんどのケースがうまくいきません**。なぜ、そうなってしまうのでしょうか。

まず、デジタルツールに過度な期待を持っているからです。デジタルツールさえ導入すれば、様々な課題を解決し、生産性が上がると勝手に期待していませんか。もちろん、正しい使い方をすればデジタルツールは威力を発揮し、成果につながるでしょう。正しい使い方がわかっていないとしたら、成果につなげるのはそう簡単なことではありません。

また、デジタルツールの導入自体が目的化してしまっているケースもうまくいきません。デジタルツールの導入はあくまでも手段です。そのことを忘れてはいけません。

要するに、あまり深く考えずにデジタル化を進めてもうまくいかないのです。経営戦略を考える場合、どのくらい時間をかけて考えますか？　デジタル化も経営戦略の一部であり、いまやむしろメインになってきていると言えます。その大事な戦略の検討にかける時間が短いようではうまくいきようがありません。デジタル化を成功させようと思ったら、**成功のためのストーリーとその設計をたっぷり考える時間が必要**です。

✕ 目的と手段を取り違える	◯ まず成功の道筋を考える

1-2 間違い②：掛け声だけで、目的が あいまいなまま進めてしまう

何事もそうですが、目的があいまいなままで物事がうまくいくことはありません。経営トップが「ウチの会社もDXをやるから、何か考えてくれ」と言って現場任せにしてしまうのは最悪のケースです（そんな場合でも対応できるようになるのが本書の役割ですが）。

何のためにDXをやるのか？　この点が抜けているとまわりは動くことができません。仮に動けたとしても、目的が明確になっていませんから、正しい方向に進まないことが多くなるでしょう。

DXの目的は会社によっても違いますし、様々だと思います。一般的には次のような目的があります。

- 業務の効率化
- 業務の自動化・省人化
- 売上向上
- コスト削減
- 利益向上
- 生産性向上
- 経営のスピードアップ
- 顧客体験価値の向上
- 新しい価値の創造
- 新しいビジネスモデルの創造

DXを推進していくためには、**DXの本質やDXと単なるデジタル化の違いも理解しておく必要があります。**

まずは目的を明確にした上で、全社に号令をかける必要があります。

| ✕ 目的があいまい | 〇 明確な目的を持つ |

1-3 | 間違い③：投資回収を シミュレーションしていない

DXやデジタル化のための投資は、あくまでも「投資」ですから、回収を見込んでおく必要があります。回収を考えないお金の使い方は、単なる消費や浪費です。投資を確実に回収するためにシミュレーションをしておきたいところです。

投資回収の指標はROI

投資回収の考え方は、ROI（Return On Investment）と呼ばれる、投資した分でどれだけ利益を上げたかを示す指標で表せます。ROIの数値が高いほど上手な投資ができていると言えます。

例えば、1000万円の投資で粗利が3000万円増えた場合、ROIは3000万円÷1000万円×100（％）＝300％となり、この投資は成功していることになります。ROIが100％を切る、つまり利益が投資額よりも小さい場合、投資としては失敗と言えます。

しかし、多くの場合、投資回収のシミュレーション（ROIの計算）を行わないまま、デジタルツールの導入を進めてしまいます。そうなるとどういうことが起こるかというと、投資の発想がないのでとにかくコストを抑えようとします。

投資した額よりも多くの利益を生み出せるのであればコストを抑える必要はありません。 この発想が持てないと、思い切った投資ができず、他社にデジタル化投資で差をつけられ、その結果競争に負けてしまいます。

一方で、投資回収が見込めないようであれば、投資に踏み切るかは検討する必要があります。ただし、デジタル化投資の中には、回収が見込めなくても業務を効率化する上で欠かせないものもあります。いわゆる攻めの投資と守りの投資を分けて考えていく必要があります。

✕ 投資回収の発想がない　　　　○ 投資の発想でツールを導入する

1-4 間違い④：ITベンダーの言いなりになってしまう

ITベンダーとは、ITシステムやITサービス（クラウド）を販売している会社のことを指します。DXを進める際にはITベンダーとの付き合いが必須ですが、ここでは注意が必要です。

ITベンダーとユーザー（導入企業の担当者）では、**圧倒的な情報格差があるため**、ITベンダーから提供される情報が正しいのか、間違っているのかユーザーには判断ができません。そのために、ITベンダーの言いなりになってしまうケースが非常に多いのが実情です。

IT導入は価格の相場観も難しい

特に、IT業界は専門用語が多いため、ITベンダーが話している単語の意味がわかりません。単語の意味を聞いたところでわからないことも多いのですが……。そもそも、**相手のレベルに合わせて、わかりやすく説明してくれるのが良いITベンダー**です。専門用語でまくしたてるようなITベンダーは良いITベンダーとは言えません。

また、ITシステムやサービスの価格の相場観も難しいところです。このシステムに一体いくらぐらいかかるのか、ITベンダーが提供する見積りは妥当なのか、これを判断するのは至難の業です。ITシステムやサービスは購買の頻度が低いため、相場観を身に付けるのは難しいのです。

しかし、ITベンダーを選ぶ正しい目を持っていないと、DXはうまくいきません。**自分なりに専門用語を理解する努力をし、複数のITベンダーとのやり取りをする中で、ITベンダーの良し悪しを判断する目を養っていくこと**です（ITベンダー選びについては8-4参照）。

✕ ITベンダーを妄信する　　　　○ ITベンダー選びの目を養う

1-5 | 間違い⑤：最新かつ高機能のデジタルツールを導入しようとする

せっかくデジタルツールを導入するなら、最新で高機能のものを、という考え方があります。これは理解できるのですが、ITの世界では「**枯れた技術を取り入れる**」といった表現があるように、最新のものはバグ（欠陥）が多いという現実があります。

自社のITリテラシーの見極めが必要

IT業界に詳しくない人は、最新で高機能なものがよいと思いがちですし、大は小を兼ねるという感覚で、機能が豊富なものを選んでおけば、将来的にもそのほうがいいだろうと思ってしまいます。

また、ニュースや雑誌に取り上げられる事例は最新の技術を使ったものが多いです。最新でないとニュースや話題にならないので、そうなることが多いようです。

ITリテラシー（ITを使いこなすスキル）の高い大企業であれば問題ないのでしょうが、**中堅・中小企業の場合は、最新で高機能なデジタルツールが本当に自社のレベルに合っているのか確認する必要があります**。自社で使いこなすことができない場合は、まさに宝の持ち腐れ状態になってしまい、最新のデジタルツールを導入したはいいが、まったく活用されていないという事態に陥ることは避けたいです。

一方で、注意しておきたいのは、**ITベンダーは、最新で高機能なデジタルツールを提案してくることが多い**ということです。最新かつ高機能なほうが価格も高くベンダーにとっては儲かりますし、新しい事例を作りたいということもあります。良いITベンダーは、導入企業のITリテラシーに合った提案をしますので、そのあたりはしっかりと見極めたいところです。

✕ 最新・高機能を使いこなせない　　〇 身の丈に合ったツールを導入

1-6 間違い⑥：AIで何でもできると考えている

AIとは、Artificial Intelligenceの略で、日本語では「人工知能」と訳されています。人工知能というと、鉄腕アトムのような人間の代わりになるロボットに備わっているもののイメージが強いようです。そのため、人間の能力以上のことをやってくれる、あるいは、魔法の杖のようになんでも実現できると思い込んでいる人も多いのではないでしょうか。

導入すべきは「スモールAI」

AIの世界では、「**汎用型AI**」と「**特化型AI**」という分類があります。

汎用型AIは、特定の課題だけに対応するのではなく、人間と同じように様々な状況に対応し課題を解決するAIを指します。汎用型AIは、プログラムされていない想定外の状況においても、自ら学習し、問題を処理することができるとされています。しかし、現段階のAIではここまでの機能は実現していません。

特化型AIは、特定された分野の課題に特化して、自ら学習し課題を解決するAIを指します。具体的には、画像認識や音声認識、需要予測や在庫の最適化などの技術を持つAIです。この特化型AIに関しては、中堅・中小企業においても実績ができつつあり、これから取り組むべきAIはこちらの特化型AIです。**船井総合研究所（以下、船井総研）では、特化型AIを「スモールAI」と呼び、導入支援の実績が増えています。**

中堅・中小企業にはAIはまだ早いと思っているとしたら大間違いです。スモールAIの分野では、画像認識AIを活用した製品品質の改善、客数予測AIを活用した食品廃棄ロスの削減、在庫管理AIを活用した受発注の最適化などの事例がどんどん出てきています。そうです。中堅・中小企業のAI活用はもう始まっているのです（7－5、8－7参照）。

✕ AIを万能と思っている	◯ 特化型AIが活用できないか検討する

1-7 間違い⑦：効果検証のための指標を設定していない

　効果検証というのは非常に重要なプロセスです。例えば、300万円かけてホームページを作成しWeb広告を出した場合、どれだけ問い合わせにつながったか、売上につながったか、その効果を検証していると思います。デジタルツールやシステムも同様で、導入の効果を検証していく必要があります。

　しかし、どうやって効果を検証していいのかわからないことが多いようです。効果検証のやり方がわからないため、結局、効果検証を行わず、その導入の判断が正しかったのか間違っていたのか、いつまで経ってもわからないのです。

　効果を検証するためには、KPI（業績にインパクトを与える重要な指標）の設定が重要になります。KPIには、業績に直結する経営指標もあれば、システムを有効活用するための指標もあります。例えば、以下のようなものです。

経営指標
- 売上・粗利
- 粗利率
- 受注率
- リピート率
- LTV（生涯顧客価値）

システム活用指標
- ログイン率
- 入力率
- 項目作成数
- 活用スコア

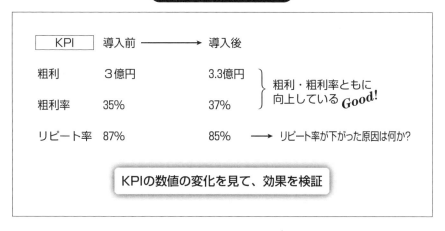

KPIを使った検証の例

KPI	導入前 ——→ 導入後

	導入前	導入後	
粗利	３億円	3.3億円	粗利・粗利率ともに向上している *Good!*
粗利率	35%	37%	
リピート率	87%	85%	——→ リピート率が下がった原因は何か？

KPIの数値の変化を見て、効果を検証

デジタルツールやシステムを導入したことで、これらの指標がどれだけ改善したのかを評価し続けることが重要です。また、単純に導入前と導入後を比較するだけでなく、KPIのそれぞれに導入後の目標値を設定しておき、その目標と実績とのズレを検証していく作業も非常に有効です。

✕ 効果検証のやり方がわからない　　〇 KPIを設定して検証している

1-8 | なぜ日本のDXは失敗するのか？

　ここまでDXに対する間違いと正解を皆さんと確認してきました。間違った認識のまま行動をしてもうまくいきません。**まずは間違った認識を改めることからスタートしてください。**

　いわゆるデジタル化、デジタルツールを導入して業務効率化するだけでもうまくいかないのに、さらに高度なDXとなるとなおさらです。

　「はじめに」でもお伝えしたとおり、DXを進める際に立ちはだかる4つの大きな壁が存在します。それを乗り越えない限り、日本のDXは失敗を続けることになるでしょう。少なくとも読者の皆さまにはそうなってほしくありません。それぞれの壁の乗り越え方は第2章以降で詳しく述べますが、ここでは簡単に案内しておきます。

4つの壁の乗り越え方

1つ目の壁：目的の明確化

　DXプロジェクトを始める前に、**DXの目的を明確**にしましょう。DXを通じて何を実現したいのか？　業績をどうしたいのか？　どのような新しい付加価値を創出するのか？　顧客に対してどのような新しい体験を提供するのか？　などについて一度じっくり考える必要があります。目的は会社によって違うと思いますが、これからの時代を見据えてぜひ設定していただきたい目的について後述します。

2つ目の壁：全体最適視点での設計

　DXは業務全体に関わる話です。ある特定の業務だけの話ではありません。会社の業務全体を俯瞰して見た場合に、全体最適となる業務プロセスに再構築する必要があります。そのためには、**デジタル化の設計図（DXジャーニーマップ）が必要**となります。DXジャーニーマップの作成を通じて、全体最適の視点で業務プロセスを再構築する方法を後述します。

3つ目の壁：システムおよびデータの連携

おそらく皆さんの会社のシステムはバラバラになっていると思います。全体最適の視点で設計している人がいないからです。そのため、データも連携していないでしょう。業務のどこかで二重入力や三重入力が発生している可能性が高いです。しかし、心配することはありません。現在はシステム間を連携させる技術が発達し、**手軽に安価でシステム連携・データ連携が可能**になっています。この方法についても後述します。

4つ目の壁：DX推進体制の整備

DXを成功させるか、失敗に終わらせるかは体制によるところが大きいです。どんなに目的が明確で、デジタル化の設計図ができていたとしても、それを実行できる組織や体制がなければ、絵に描いた餅になってしまいます。DXを成功させるには、**DX推進室のような組織が必要**です。それは、どのような体制でどのようなスキルを持った人材が必要なのか、専任がいいのか兼任でいいのか、何人くらい必要なのか、そのあたりを含めて後述します。

4つの壁とその乗り越え方

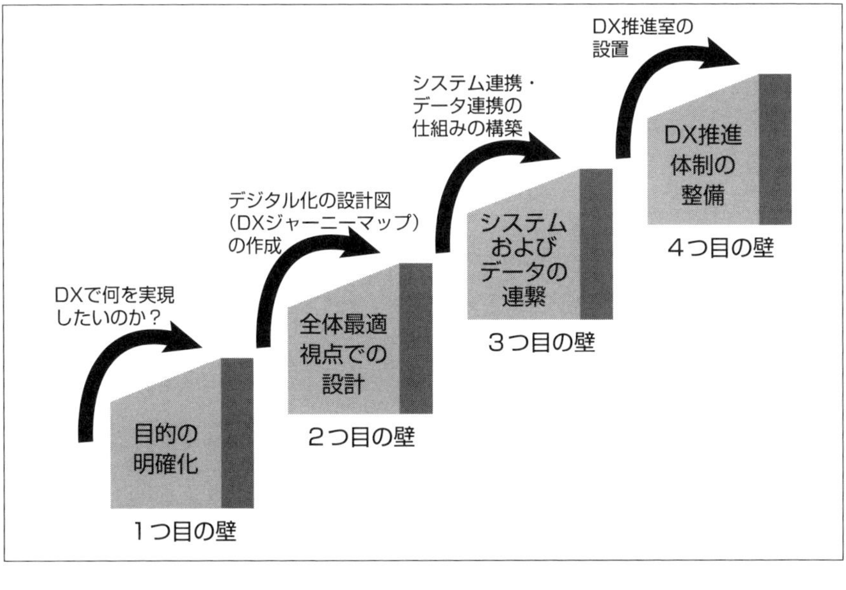

1-9 | DXで必要な３つの要素

　DXを成功させるには、**DXの本質**を理解する必要があります。

　DXの定義は、スウェーデンにあるウメオ大学のエリック・ストルターマン教授が提唱したもので、「ITの浸透が人々の生活をあらゆる面でより良い方向に変化させる」という概念です。ただ、この定義は非常に抽象的であり、幅広い概念なので、もう少しかみ砕いて考える必要があると思います。

　船井総研では、**DXに含まれる要素を次の３つ**と設定しています。

①業務の効率化

　デジタルを活用して業務を効率化する。これはDXの前提と言えます。ただし、これだけにとどまってしまうと、「単なるデジタル化」になってしまいます。DXまでいこうと思うと、次の②と③の要素が必要になってきます。

②新しい価値の創造

　デジタルを活用して新しい価値を創る。新しい価値とは、新たな顧客体験（カスタマーエクスペリエンス；CX）とも言え、新しい価値の創造はCXの向上につながる取り組みです。これはDXにおいて非常に重要なポイントです。

③業績の向上

　どんなにデジタルツールをうまく活用しても、業績が上がらなければ成功とは言えません。後に詳細をお伝えしますが、特に「人時生産性」（１人当たり1時間あたりの粗利）の向上はDXにおいて大事な要素だと考えています。

　これら３つの要素のうち１つでも欠けるとDXとは言えないと考えています。例えば、業務効率化しかしない取り組みであればDXとは言えません。また、業務効率化も新しい価値の創造もできているが、業績の向上につながっていないとすれば、DXが成功したとは言えません。

第2章

DXで実績を上げるための
ストーリーを描く

Digital Transformation

2-1 | 何のためにDXするのか?

　DXする目的は企業によって違いますが、目的が明確になっていないケースが多いようです。何でもそうですが、目的が明確になっていない場合、何かを成し遂げようと思ってもうまくいきません。

　船井総研は業績を上げるコンサルティング会社ですから、当然業績が上がらないとDXする意味がないと考えています。しかし、多くの場合、最新のデジタルツールを導入することが目的化してしまっているのではないでしょうか。少なくとも本書の読者にはそうなってほしくありません。

DXする3つの目的

　DXする目的において、次の3つは外せないと考えています。

　1つ目は、**業績を上げること**。特に人時生産性の向上です。人時生産性とは、1人が1時間当たりに生み出す粗利のことを指します。人時生産性は、粗利÷総労働時間で算出することができ、いかに少ない労働時間で最大の粗利を生み出せるかを表す指標です。この指標を高めることで、給与を増やすこともできますし、教育など人材への投資も増やすことができます。まさに、経営者にとっても、従業員にとってもメリットのある重要な指標と言えます。

　2つ目は、**リアルタイム経営の実現**です。リアルタイム経営とは、今の経営状況をリアルタイムに把握できる仕組みを持った経営のことです。即時業績管理と言ってもいいでしょう。これだけ変化の激しい時代ですから、経営状況をすぐに把握でき、それによって正しい意思決定をしていくことが求められています。経営状況がすぐに出てこない、正確なデータが出てくるまでに時間がかかっているようでは、変化の激しい時代を生き抜くことは難しくなってしまいます。

　3つ目は、**データドリブン経営の実現**です。データドリブンとは、データを駆使するという意味ですから、データを駆使した経営と言うことができます。つまり、勘や経験だけでなく、それを裏付けるような、データに基づい

て意思決定をしていく経営です。ビッグデータを蓄積しAIを活用していくこともデータドリブン経営に当てはまります。

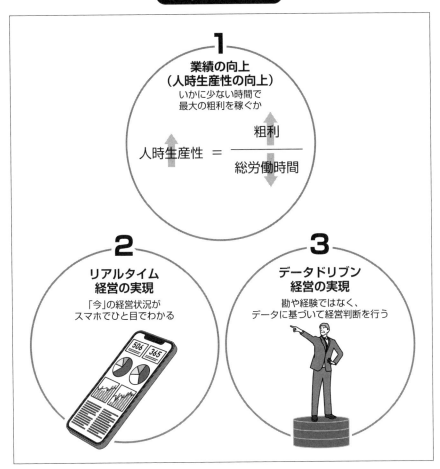

DXする3つの目的

1

**業績の向上
（人時生産性の向上）**

いかに少ない時間で
最大の粗利を稼ぐか

$$人時生産性 = \frac{粗利}{総労働時間}$$

2

**リアルタイム
経営の実現**

「今」の経営状況が
スマホでひと目でわかる

3

**データドリブン
経営の実現**

勘や経験ではなく、
データに基づいて経営判断を行う

2-2 人時生産性を上げることが日本企業の生き残りの道

日本企業の生産性が低い理由

　日本の生産性は主要国のなかでは最下位レベルとされています。なぜ、日本企業の生産性はこれほどまでに低いのでしょうか？

　その1つの理由として、**1時間当たりの生産性を意識してこなかったこと**が挙げられます。これまでの日本企業は労働時間を度外視して、とにかく売上を上げる、粗利を上げる、という活動を行ってきました。24時間営業や正月の初売りなどはその最たる例と言えます。これからは働き方改革の時代ですし、労働時間を意識した取り組みが必要です。**いかに少ない労働時間で最大の粗利を稼ぐかを追求していく必要があります。**まさに、人時生産性を重視した経営を行う必要があります。

人時生産性を上げる＝経営者・従業員のハッピー

　人時生産性を上げることは、経営者にとっても従業員にとってもハッピーになれるものです。**人時生産性とは1人当たりの1時間当たりの粗利**ですから、これが上がればもちろん給与を上げることもできますし、デジタルツールの整備、社員教育などのさらに生産性を上げるための投資にお金を回すことができます。そうなることで良いサイクルができ、さらに人時生産性を上げることができるようになります。

　人時生産性は、まさにこれからの日本企業すべてが意識すべき指標であり、その向上を追求していくことは、これからの日本企業の生き残りの道と言えます。

2-3 人時生産性の高い業種や 会社の特徴とは

　弊社がDXコンサルティングを手掛けた企業等におけるDX導入前の人時生産性のデータをまとめたものが次ページの表です。業種によって一定の傾向があることがわかりますが、同じ業種でも生産性の高い会社もあれば、低い会社もあります。1つの事実として参考にしていただければと思います。

人時生産性が高い業種

　人時生産性が高い業種には、次のような特徴があります。

- 従業員数に応じて売上が上がるようなビジネスモデルではない業種
- パッケージソフトやクラウドサービスを提供するIT系企業
- コンサルティングなど付加価値の高いサービスを提供している業種
- 提供する商品がパッケージ化されており、量産化しやすい業種
- テレワークが可能な業種

人時生産性が高い会社の特徴

　同じ業種でも人時生産性が高い会社には、以下のような特徴があります。

- 現場に紙がなくペーパーレスを実現している
- 1人1台のノートPCやスマホ・タブレットなどが提供されている
- 業務の大部分でシステムが導入され、活用できている
- 情報の一元管理、共有が進んでいる
- デジタルツールを活用してコミュニケーションが円滑に行われている

　いずれにしても、人時生産性を上げるためにはアナログからデジタルへのシフト、そしてデジタルツールの活用が鍵になりそうです。

DX導入前の人時生産性データ

	業種	会社名	粗利/総労働時間	備考
1	ソフトウェア業	A社	¥6,283	競争優位性のあるクラウドサービスを提供している
2	新車自動車販売業	H社	¥5,800	ディーラー向けシステムが優れている
3	金属加工機械製造業	S社	¥5,776	工数管理が優れている
4	人材紹介業	P社	¥5,537	少人数で高い利益を生み出す事業を展開している
5	土地家屋調査士事務所	E社	¥5,097	専門性の高いサービスを高単価で提供している
6	電気工事業	N社	¥4,995	
7	不動産仲介業	L社	¥4,909	
8	中古自動車販売業	G社	¥4,829	
9	中古自動車販売業	A社	¥4,722	
10	事務機販売業	A社	¥4,584	
11	税理士事務所	K社	¥4,487	
12	土地家屋調査士事務所	T社	¥4,427	
13	化学製品卸売業	S社	¥4,419	
14	土地家屋調査士事務所	K社	¥4,167	
15	事務機販売業	E社	¥3,988	
16	税理士事務所	E社	¥3,794	
17	中古自動車販売業	D社	¥3,732	
18	建築リフォーム工事業	F社	¥3,695	
19	廃棄物処理業	S社	¥3,500	
20	測量器具製造業	K社	¥3,316	
21	社会保険労務士事務所	N社	¥3,221	
22	採石業	M社	¥3,150	
23	廃棄物処理業	C社	¥3,072	

デジタル活用の有無がこの差を生み出している。

8、9位のG社、A社は
・未成約客のフォロー
・情報の見える化
・社内コミュニケーション
においてデジタルを活用できている一方、17位のD社はそれができていない。

2-4 デジタル化の設計図＝「DXジャーニーマップ」

　人時生産性を上げることが重要であることをお伝えしてきましたが、その人時生産性を上げるために必要になるのが、**デジタル化の設計図**です。この設計図がないままにデジタルツールだけを導入しても人時生産性の向上にはつながりません。この設計図のことを「**DXジャーニーマップ**」と呼んでいます。**DXを実現するための近未来の理想像**と考えてよいでしょう。

　例えば、家を建てるときにも設計図が必要なように、複雑なものを作り上げていくためにはしっかりとした設計図が必要です。デジタル化も複雑な要素が絡むため、全体を見ておかないと、場当たり的に個別でシステムが入ってバラバラになってしまいます。そのため、全体最適で最初に設計図を描くことがポイントになります。

DXジャーニーマップとは

　DXジャーニーマップとは、**実現したいゴールであるKGI（重要ゴール指標）を達成するために、業務プロセスに沿って、導入すべきデジタルツールと、追うべきKPI（重要評価指標）を全体最適の視点で整理した設計図**です。あなたの会社の業務プロセスを書き出し、デジタルツールとどう組み合わせていくかを考えて、こちらのマップに落とし込んでいきます。

　　＜DXジャーニーマップの要素＞
- KGI（重要ゴール指標）：実現したいゴール
- プロセス：会社全体の業務プロセス
- KPI（重要評価指標）：各業務プロセスで把握すべきプロセス指標
- デジタルツール：各業務プロセスで活用するデジタルツール
- 新たなCX（顧客体験）：デジタル化によって提供する新しい顧客体験の内容

DXジャーニーマップ作成の注意点

　DXジャーニーマップを作成する上で注意したいのは、**全体最適で設計すること**。そして、業務プロセスごとにKPIを設定し、**KPIが改善すれば目標達成（KGI）につながるように設計すること**です。ここがうまく設計されていないと、業績が上がるDXにつながっていきません。DXジャーニーマップの作成を通じて、業績を上げるストーリーを作り上げていくことがポイントになります。

DXジャーニーマップ作成にはこんなメリットも

　DXジャーニーマップの作成には、次のようなメリットもあります。

- 会社の業務全体を俯瞰できる（全体最適の視点）
- 導入すべきデジタルツールがわかる
- システムの連携がひとめでわかる
- 投資対効果のシミュレーションができる
- 戦略的なデジタル化投資ができる

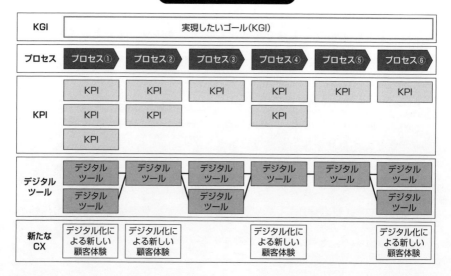

DXジャーニーマップ

2-5 まずは業務の定義とプロセスの洗い出しから

　DXジャーニーマップを作成するために、**業務の定義と業務プロセスの洗い出し**を行います。普段どのような業務を行っているのかを整理していきます。

　意外と難しいのは、日々行っている業務に名前を付けることです。業務プロセスを改めて書き出してみると、1つひとつの業務について定義をしていないことに気づきます。名前や内容が定義されていない業務は属人的になりがちです。業務の定義とプロセスの洗い出しは、業務標準化の第一歩と言えます。

業務プロセス洗い出しの注意点

　業務プロセスの洗い出しの際に注意したいのは、**あまり細かい業務に入り込み過ぎない**ということです。業務を細かく洗い出すときりがありません。考えれば考えるほど、細かな業務があり、条件分岐なども考慮しだすと、洗い出すだけでも相当な時間がかかってしまいます。

　業務プロセスは7〜10くらいの大まかな業務に分けてみるとよいでしょう。全社の業務を7〜10個ですから、かなりざっくりです。しかし、これくらいざっくりと考えないと、全体最適の視点を持てないからです。細かい業務に入り込めば入り込むほど、部分最適の視点が強くなってしまいます。

　DXジャーニーマップで大事なことは、**全体最適の視点で業務を整理する**ことです。まずはざっくりでいいので、大雑把に業務プロセスを洗い出してみることがポイントです。

　業務プロセスを整理すると同時に、**業務上の課題も一緒に洗い出します**。いまこの業務で課題となっていることは何なのか？　業務の整理と同時に行うことで、会社全体の課題も洗い出すことができます。

　ここで整理するのは、現状の業務プロセスですが、最終的には**課題を解決できる理想の業務プロセス**をDXジャーニーマップに記載していきます。

業績アップにつながるKPI設定の秘訣

　KPIとは、Key Performance Indicatorsの略で、日本語では「重要業績評価指標」と訳されます。目的やゴールであるKGIを達成するためのプロセス指標です。DXで業績アップを実現しようと思うと、このKPIの設定が鍵になります。

業績アップ方程式

　まず、業績アップするためには、業績アップのための方程式を作る必要があります。例えば、次のようなものです。

・**売上＝客数×客単価**

この方程式をさらに因数分解すると、

・**客数＝Webサイトアクセス数×コンバージョン率×商談率×受注率**
・**客単価＝購買回数×1回当たりの購買金額**

となります。こうして**因数分解した要素をKPIとして設定**します。例えば、経営コンサルティング業の場合だと次ページの図のようになります。売上の中でも、ストック型とフロー型のものがあり、さらにセミナーの参加率や経営相談からの受注率が重要な要素となります。

　KPIは業種や業態によって違います。例えば、製造業の場合、原価率というKPIが業績向上への貢献度が大きく、原価率も細かく見ていくと、材料原価率、組立加工原価率、外注原価率、設備原価率などに分けられます。また、生産性においては、計画遅延率、生産リード日数、1人当たり付加価値などを向上させることで業績が大きく変わってきます。

　このように、業種によって業績に貢献するKPIは違うため、この設定を間

違えてしまうと、業績アップにつながらないDX導入となってしまうので注意が必要です。

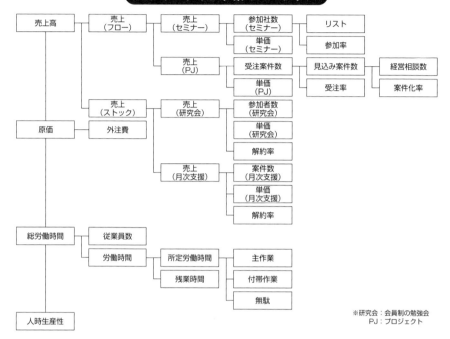

コンサルティング業のKPIツリー

※研究会：会員制の勉強会
　PJ：プロジェクト

2-7 ITリテラシーに応じた デジタルツールの選定法

　業務プロセスを洗い出し、各業務プロセスのKPIが設定できたら、次にデジタルツールの選定に入ります。世の中に数多あるデジタルツールの中から自社に合ったものを選定することはなかなか至難の業です。最新で高機能なツールがよいわけではありません。**自社のITリテラシー、つまりITの使いこなし度合いに応じたツールの選定**が重要になります。

　デジタルツール選定の際には、注意しておきたい点がいくつかあります。

デジタルツール選定の注意点

　1つ目は、**実績があり安価なものを選択すること**。やはり実績があるということは、それなりの理由があるわけですから、導入実績の多さは選定基準に入れておきたいです。また、最近は安価で便利なツールが増えていますから、必要以上にお金を使うことはありません。

　2つ目は、**クラウドであること**。クラウドだと何がいいかと言うと、みんなと共有できて、どこにいてもネットさえつながれば使えることです。クラウドではないシステムの場合、容易には共有することができません。また、テレワークの時代ですから、どこにいても使えることはとても重要です。

　3つ目は、**データ連携可能であること**。システム間でデータが連携できないと、面倒な作業が増えたり、リアルタイムにデータを集計できなくなり、非効率な状態になってしまいます。そして、システム同士がつながらずバラバラになってしまうので、データ連携できる仕組みがあることは必須です。

　4つ目は、**サポートが充実していること**。どんなに簡単なデジタルツールでも、自分たちだけで使いこなすのは大変です。サポートがしっかりしていて、何か困ったときにすぐ対応してくれる状態になっているのとそうでないのとでは、ツールの使いこなし度合いに大きな差となって現れます。

　5つ目は、**最初の研修が大事**だということです。**オンボーディング**と言われたりしますが、最初にしっかりと使い方の研修をしたり使用上のルールを

決めておかないと、導入後もうまく使いこなせないままになり、宝の持ち腐れ状態になってしまいます。しっかりとオンボーディングを実施してくれるベンダーのツールを選びたいです。

デジタルツール選定5つの注意点

① 実績があり安価
実績の多いツールにはそれなりの理由がある

② クラウド
オンプレミス（自社運用）ではなく、クラウド前提

③ データ連携可能
データ連携のしやすさは必須条件

④ 充実したサポート内容
サポートの内容と体制に注意

⑤ オンボーディング
まず使いこなせるようになれるかが鍵

2-8 デジタルツール同士をつなげる手法

デジタルツールの主な連携手法

デジタルツールがいかに優れた機能を持っていても、デジタルツール同士を連携させないとその効果は半減してしまいます。デジタルツールを連携させる主な手法としては、次の3つが代表的なものとして挙げられます。

①**API**：Application Programming Interfaceの略で、アプリケーションをつなぐためのインターフェースのことです。API を利用することで、他のデジタルツールとスムーズに連携させることができます。

②**iPaaS**：Integration Platform as a Serviceの略で、異なるアプリケーション同士をつなげ、データを統合したりシステムを連携させたりするためのプラットフォームです。iPaaSを利用することで、クラウドサービス間の連携だけでなく、オンプレミスのシステムとクラウドサービスとの連携が可能となります。

③**RPA**：Robotic Process Automationの略で、PC上で行う作業を自動化できるソフトウェアのロボットのことです。例えばあるシステムのデータをcsvでダウンロードし、それを別のシステムに入力することでデータ連携することが可能となります。

いちばん理想的なのは、APIを活用したデータ連携の仕組みです。基本的にはクラウドサービスに備わっている機能ですが、オンプレミスの場合はiPaaSを活用する必要があります。それでもデータ連携が難しい場合は、RPAを活用してデータを連携させる方法を用います。

連携させるデータは、プロセスごとに設定したKPIを把握するために必要なデータ項目となります。そのため、必ずしもすべてのツール同士を連携させる必要はありません。何のためにデータ連携させるのかを明確にした上で、

上記の３つの手法のうち最適な方法を選択してデータ連携させていきます。

　また、データ連携させる場合には、一方向（データを一方向から引っ張ってくるだけ）でいいのか、双方向にする（引っ張ってきたデータをまた元のシステムに反映させる）必要があるのかも明確にする必要があります。

デジタルツールの主な連携手法

自動化の精度

①API(Application Programming Interface)
アプリケーションをつなぐためのインターフェース

②iPaaS(Integration Platform as a Service)
アプリケーションをつなぐためのプラットフォーム

③RPA(Robotic Process Automation)
アプリケーションをつなぐ作業を自動化するソフトウェア上のロボット

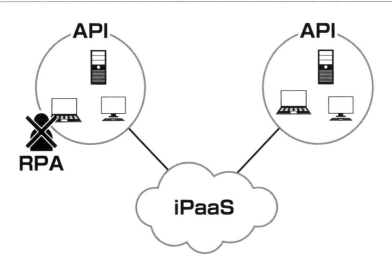

2-9 最適投資額と投資対効果 シミュレーション法

　デジタル投資はとても重要ですが、その投資対効果を検証することはもっと大事なことです。しかし、現実には投資対効果をどうシミュレーションしていいのか、デジタルにどれくらい投資していいのか、わからないケースが多いようです。

投資回収シミュレーションのやり方

　投資対効果を考える場合も、**人時生産性をベースに考える**とよいでしょう。例えば、2年で人時生産性を1.5倍にする目標を立てるとします。人時生産性は、粗利÷総労働時間ですから、粗利を1.2倍、総労働時間を2割削減することにします（1.2÷0.8＝1.5）。つまり、デジタルを活用して、粗利1.2倍、総労働時間2割削減を目指していきます。そして、前述のKPIツリーにあったように、粗利を1.2倍にするためにどのKPIを上げていくのかをさらに因数分解していきます。

　粗利を1.2倍にするにあたり、1人当たり粗利も1.2倍を目指します。例えば、1人当たり粗利が1000万円、社員数が100人だったのが、2年後には1人当たり粗利1200万円、社員数120人なったとすると、粗利は10億円→14.4億円になります。2年間で4.4億円の増加です。

　総労働時間を2割削減するには、現在、時間と手間がかかっている業務を洗い出すことから始めます。システムやRPAを導入して時間のかかっている業務を極端に減らすことで総労働時間の大幅減を目指します。

デジタルの最適投資額は売上高の2%

　ここで、2年分のデジタル投資額を計算します。10年ほど前は、IT投資は売上高の1％という目安がありましたが、デジタル全盛時代の今はその倍の2％は確保したいところです。例えば、売上高30億円の会社の場合は、30億円×2％＝6000万円となります。だいたい**売上高の2％はしっかり予算化**

して、**毎年戦略的に投資していきたい**ところです。2％未満ですと投資としては少な過ぎますし、5％程度までいっているようであれば、少し過剰投資になっている可能性があります。

　上記の人時生産性1.5倍を目指す会社の売上高が30億円でその2％をデジタル投資に向けたとすると、6000万円×2年分＝1.2億円をかけて、粗利を4.4億円増やすことになります。もちろん、実際にそうなるかはやってみないとわかりません。しかし、**仮説を持たないと検証すらできません。**これらの数字を目標値として、投資対効果を検証していくことが重要になります。

人時生産性1.5倍をどう実現するか

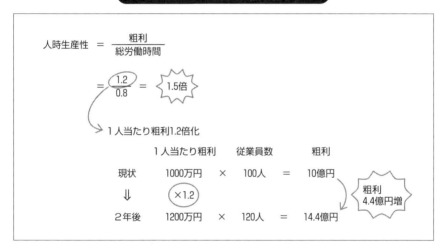

2-10 | 業績管理ダッシュボードの設計方法

　DXの目的の1つであるリアルタイム経営を実現するためには、**BI（データ可視化ツール）とRPA（データ連携ツール）を活用してダッシュボードを作る必要があります**。今の経営状況をひと目でわかるようにするために、前述したKPIをほぼリアルタイムでBIツールに表示させる仕組みを構築します。

　そのためには、KPIを構成するデータ項目をどのシステムから引っ張ってくるのかを明確にする必要があります。例えば、人時生産性を算出するためには、販売管理システムから粗利のデータを、勤怠管理システムから全従業員の総労働時間を引っ張ってきて、BIで表示させます。ここでいう粗利や総労働時間がインプットデータ、人時生産性がアウトプットデータとなります。

KPIの例

　KPIには、業績推移、人時生産性推移、商圏シェア推移、顧客数推移、担当者別販売ランキング、未回収金の件数と金額、平均残業時間のほか、企業の業態や設定したKGIによって様々なものが考えられます。自社のリアルタイムな経営状況を見るのに何が必要か、しっかり検討してください。

BIでの見せ方

　これらのKPIをどのような見せ方でBIに表示するかは、データの種類や分析手法によって異なってきます。

- メーター：進捗率を示したい場合に有効
- 円グラフ：割合を知りたい場合に有効
- 棒グラフ：絶対値を知りたい場合に有効
- 折れ線グラフ：推移を知りたい場合に有効
- ランキング：好不調を知りたい場合に有効

ダッシュボードの例

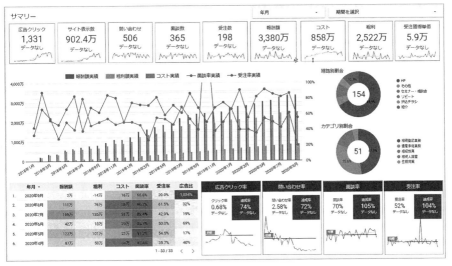

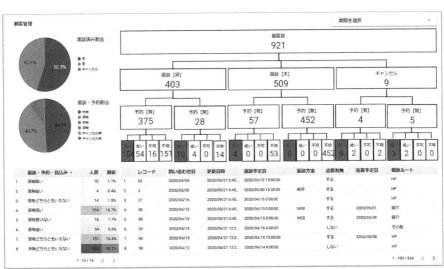

2-11 デジタル化の優先順位付けと進め方

デジタル化で大事なことは、「**何をやるかではなく、何からやるか**」。要するに、**優先順位が大事**ということです。デジタル化する上でやるべきことというのは山ほどありますが、どの順番でやるべきかという情報は少ないように思います。

優先順位を高くしたいのは、高い経営効果が見込めて、導入難易度が低い分野です。いきなり導入難易度の高いことから始めてしまい、しかもなかなか経営効果が出ないとなると、そのプロジェクトは頓挫してしまいます。そうならないためにも、優先順位付けはしっかり行いたいものです。その際、次ページ図のマトリクスで考えるとよいでしょう。

経営効果×導入難易度のマトリクス

まず、経営効果についてですが、**経営効果とは、P/L（損益計算書）かB/S（貸借対照表）の勘定科目において改善が見込める効果**のことを言います。例えば、粗利（売上総利益）が上がる、営業利益率が上がる、人件費が削減できる、現預金が増えるなど。

導入難易度とは、導入する際にどれくらいの手間とコストがかかるかということです。例えば、CRMやSFAなどは導入にかかるのは数カ月でコストもそれほどかかりませんが、ERP（統合基幹システム）になると、年単位のプロジェクトになりコストも億単位でかかることがあります。

優先順位の付け方

そう考えると、経営効果が高く、導入の難易度が低い分野で言うと、CRMやSFAなどが当てはまります。逆に、経営効果が低く、導入の難易度が高い分野であるERPなどは、優先順位としては後回しにしたいものです。しかし、喫緊の経営課題に基幹システムのリニューアルがある場合は、ERPの優先順位を上げる必要があります。

　プロジェクトの進め方としては、**全体最適と経営課題の視点を基に、優先順位を考慮したアクションプランとスケジュールを組み立て**、実行計画を推進していきます。

経営効果×導入難易度のマトリクス

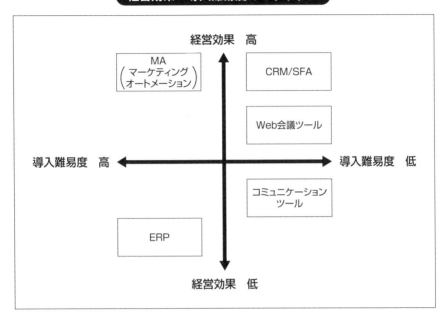

補助金・助成金の情報源

　現在、国としてはデジタル化を推進する企業に対して、数多くの補助金や助成金を出しています。これをうまく活用しない手はありません。しかし、補助金や助成金は条件が複雑だったり、期限が決まっていたりと、正確な情報を収集するのは簡単ではありません。また、補助金や助成金は、年度によっても変わりますので、情報源を押さえておくことがポイントになります。

　補助金や助成金に関するWebサイトは数多く存在しますが、その1つがJ-Net21です。

　J-Net21は、独立行政法人中小企業基盤整備機構が運営しており、企業経営や創業に役立つ国・都道府県の支援情報（補助金・助成金、セミナー・イベントなど）がまとめて検索できます。地域（各都道府県）、種類（補助金・助成金／融資・貸付／税制／出資）、分野（起業・創業／人材育成・雇用／事業承継／生産性向上・IT化／研究・商品開発など）から検索することができます。

J-Net21
https://j-net21.smrj.go.jp/snavi/support/
運営主体：独立行政法人中小企業基盤整備機構
内容：企業経営や創業に役立つ国・都道府県の支援情報（補助金・助成金、セミナー・イベントなど）が地域、種類、分野から検索可能

　ちなみに、補助金と助成金ですが、どちらも国や地方公共団体、民間団体から支出され、原則返済不要のものです。補助金という言葉は主に経済産業省で使われ、助成金という言葉は主に厚生労働省で使われています。

Column

第**3**章

自社の現状レベルを知る 「DX診断」

診断については、62ページ〜のチェックリストをご利用ください。

Digital Transformation

3-1 マーケティング編①：Webサイトの活用度合い

どのようなWebサイトをお持ちですか？　そのWebサイトの役割・目的は明確ですか？

コーポレートサイトや、採用専用ページ、ECサイト、商品・サービスなどのランディングページ、Webサイトにはいろいろな種類がありますが、自社ビジネスにとって、そのWebサイトにどのような役割を果たしてもらうのか、**目的を明確に設定する**必要があります。

そして、ECサイトやランディングページであれば、より購買意欲の高い訪問者が使うキーワードの検索で上位に表示されるよう、**SEO対策**を行う必要があります。多くの流入数を得ることが目的ではなく、意図した行動（資料ダウンロード、問い合わせ、申し込み）をする可能性の高い質の良い訪問者を獲得することが重要です。

また、Webサイトは接客をするためのツールです。カスタマージャーニー（購買行動プロセス）に沿った導線設計も必要です。まず商品やサービスに興味を持ってもらえるキャッチコピーで惹きつけること、もっと知りたいと思ったタイミングで比較検討や購入者の声といった情報提供をすること、購買について相談するためのチャットボットを活用するといった、**リアルの「接客」に引けをとらないような導線設計**にしたいものです。

Webサイトは一度作ったら放置せず、利用者の途中離脱を防ぎクロージングにつなげるために、どこで離脱しているか分析し、情報の鮮度、質や量を高めたり、ベンチマークにするサイトとの比較分析なども行い**更新し続ける運用**が不可欠です。

また、SSL（通信暗号化）対応やクロスサイトスクリプティング（Webアプリケーションの脆弱性を利用した攻撃）対策といった**セキュリティ対策**について、診断サービスを利用するなどして十分に行い、認証機関によるお墨付きを得るなどして、訪問者に安心感を与えるWebサイト作りをすることも重要です。

3-2 マーケティング編②：MAツールの活用度合い

MA（マーケティングオートメーション）を導入していますか？　導入していたら正しく使いこなせていますか？

MAはWebサイトを活用し、自社サービスに興味を持つ顧客の育成（ナーチャリング）を自動的に行い、ホットリード（商談に結び付く可能性の高いWebサイト訪問者）をインサイドセールス（内勤営業）や営業担当者に受け渡すことで、効率よく商談を獲得するために欠かせないツールです。

まず、MAを使いこなすための第一歩は**ターゲットリストの作成**です。ターゲット情報をMAに登録してMAからメルマガなどを発信することで、以降は自動的に、どのターゲットがWebサイトをどんな頻度で訪問してどの情報に興味を持ったかを把握しやすくなります。

次に、前項で説明した自動接客ができるWebサイトを構築することがポイントです。普段からWebサイトのコンテンツ（コラムやダウンロードコンテンツなど）を充実させたり、更新頻度を上げる運用を行い、顧客の購買意欲を高め、高まったタイミングでダウンロードや問い合わせといったアクションに結び付く導線設計が不可欠です。

その上で、MAにあらかじめ**スコアリングの設定**をしておきます。訪問頻度やダウンロードといった、自社サービスに関心を持つ顧客が行うWebサイト上のアクションに点数を付与します。そして、一定のスコアに達したらMAが自動的に検知し、インサイドセールスからのフォロー電話や営業担当者による訪問につなげる仕掛けを作ります。**実績に応じてMAの設定やWebサイトを何度も見直し、微調整していくこと**が成功率を高めます。

MAを正しく使いこなすためには、MAを運用するマーケティング担当者とインサイドセールスや営業担当者との連携が欠かせません。Webサイトへの訪問者の購買意欲をコンテンツやメルマガを使って高め、そのスコアリングをMAに行わせて、商機を逃さずにフォロー電話などのリアル営業を仕掛ける体制・プロセス構築をすることが、MAを正しく使いこなす肝です。

3-3 マーケティング編③：Web管理体制の成熟度

　自社のWebサイト、ちゃんと更新できていますか？

　Webサイトは、作りっぱなしで放置するとどんどん情報鮮度が落ちてしまい、検索順位も下がってしまいます。それでは、自社が発信したい情報が購買意欲の高い訪問者に届かなくなってしまい、商機を逃してしまいます。それを防ぐためにもWebを管理する体制が重要です。特に、Webサイトの目的に責任を持つ**専任担当者を置く**ことは、Webサイトにその役割を果たさせるためにも必須と言えます。

　体制面で次に検討すべきなのは、**どんなコンテンツを誰がどう生み出すか決める**ことです。特に、Webサイトを構築したばかりのときは、自然検索による訪問数を増やすためにも、コンテンツを量産しなければなりません。もちろん、通常業務をしながらのコンテンツ制作は負担が大きいため、社内で役割分担をした上で、必要に応じて外部業者を活用することについても検討が必要です。

KPIを設定して継続的な改善を

　Webサイトの運営は、**KPIつまり目標をしっかり設定する**ことが成功の鍵を握ります。例えば自然検索による流入数、検索順位、離脱率などをKPI目標として実績を把握・分析し、どのようなコンテンツを、どのようなデザインや情報の強弱をつけて掲載するか、導線設計も含めた継続的改善を行うことはマーケティング・営業活動の重要な一部です。

　特に、Webサイトができたばかりの頃は、訪問者に目的のアクションをさせるために費やす、1コンバージョン獲得当たりにかかる費用であるCPA（Cost Per Action）が高い状態からスタートすることになります。Webサイトに誘導するための広告やWebサイトコンテンツ、サイト内の導線設計をどう調整すればコストを下げる（コンバージョンを上げる）ことができるか、**ABテストを繰り返す**ことが不可欠です。

3-4 セールス編①：SFA／CRMの活用度合い

顧客をしっかりおもてなしできる情報管理、できていますか？

　営業担当者は多忙です。また、展示会などで営業担当者以外の人が顧客と接点を持つことも普通にあることです。その結果、顧客情報や商談情報の管理がバラバラになるか、管理しているつもりでも、必要なときに適切な情報が取り出せない状態が発生しやすくなるものです。

　しかしながら、そのような状態が続くと、会社として顧客をおもてなしすることができず、顧客は会社から離れていってしまいます。それを防ぐ第一歩は、**顧客情報、商談情報の一元管理**です。これらの情報は、社員個人ではなく会社が管理している状態でなければなりません。

SFAやCRMと営業プロセスの設計を連携させる

　次に、**営業プロセスの設計**はどうでしょうか。自社にとっての勝ちパターンを、自社のカスタマージャーニーマップなどを活用して整理・可視化して若手営業マンの教育などを通じて共有し、ベテラン営業マンの勘と経験への依存度を下げることも重要です。

　その営業プロセスの設計に、SFAやCRMへの情報登録を必須手順として組み込み、さらに分業を取り入れるなどして、**システムへの情報入力なしでは業務が回らない**ようにすることも、顧客情報、商談情報の活用度を高める上で有効です。

入力したデータは有効に活用する

　顧客情報を活かせる土台ができたら、**データに基づいたマーケティング活動や営業戦略を立てていく**ことが、営業成績を高めていくことにつながります。つまり、**入力したデータ**を、**営業会議や評価などにおいて積極的に活用**し、会社として顧客をおもてなしする体制・プロセスを構築して商談化率や受注率を高めていく取り組みを進めることがポイントです。

3-5 セールス編②：オンラインセールスの成熟度

オンラインセールスのメリットを最大化できていますか？

新型コロナウイルス感染症をきっかけに普及した印象の強いオンラインセールスですが、オンラインセールスには、感染予防以外にもたくさんのメリットがあります。まず、移動時間が不要になることです。その分、顧客との日程調整がしやすくなり、1日により多くの顧客と会うことができます。今まで距離の制約で足が遠のいていた顧客にも会いやすくなり、ひいては商圏を広げることも可能になります。

オンラインセールスで若手を育成

また、オンラインの場合は、**上司や社内の専門家にも商談の場に参加してもらいやすく**なります。若手営業マンにとって、オンラインは商談の経験値を上げるのに絶好の環境と言えます。上司は若手営業マンへのフィードバックを通じて育成できますし、知識や経験が浅い若手でも、上司や専門家のサポートを受けながら商談を進めることができます。

増加する商談や契約件数を支える仕組みの整備を

オンライン商談が軌道に乗りだすと、**商談件数や契約件数が増加**しますので、**増加した件数をこなせる社内の体制作り**も重要です。

また、オンライン商談をスムーズに進めるための**営業シナリオや営業ツールを整備**していくことも必要になってきます。オンラインセールスの勝率を高めるPDCAを実践し、オンラインに対応した営業プロセスを改善していくための仕組み作りも必須です。

3-6 セールス編③：インサイドセールスの成熟度

　インサイドセールスはうまく機能していますか？　インサイドセールス（内勤営業）は、前述のMAツールを使って情報を獲得した、自社の商品・サービスに関心を寄せている**顧客を「育成」する**ことがその役割の1つです。具体的には、MAで検知した高スコア客に素早くコンタクトを取り、興味・関心の背景を探った上で商談化し、営業担当者に受け渡します。まさに、**マーケティングと営業との架け橋**です。

　顧客へのコンタクト手段は電話に限りません。メールやSNSなど適切な手段を用いてコミュニケーションを取り、顧客のニーズや自社商品・サービスに興味を持った背景などの情報を収集します。

休眠顧客の掘り起こしも

　インサイドセールスには、もう1つの役割があります。それは、**一度失注した顧客**や、**しばらく取引のない休眠顧客の掘り起こし**を行うことです。一度取引に至ったり提案機会をいただけた顧客であれば、新商品発売などのタイミングで会社側からコンタクトを取ることで、再び商談を獲得できる場合があるからです。

営業担当者との共通認識を持っておく

　インサイドセールスがうまく機能すると、受注につながる可能性の高い商談を効率よく獲得でき、事前に必要な情報収集を完了させることができるので、営業担当者が相手のニーズや依頼背景に適した提案をすることに集中できます。そのためには、**営業担当者とインサイドセールス担当者が日頃から連携し、どのような情報を事前に確認しておくべきか共通認識を持っておく**ことも大切です。

3-7 | コミュニケーション編①：コミュニケーションツールの活用度合い

コミュニケーションツールの適切な使い分けはできていますか？

コミュニケーションツールには、メールやチャット、ファイル共有ツール、Web会議ツールなど様々なツールが存在します。

リモートワークが当たり前のビジネス文化では、**メールとチャットの使い分けが重要**です。メールは既にビジネスに欠かせない手段として定着していますが、チャットも併用することで、社内の仕事が格段にスピードアップします。

ファイル共有ではセキュリティに留意

ファイル共有手段も多種多様になってきていますが、その分、**セキュリティに留意した運用をする**ことが重要です。例えば、書類添付したメールを誤送信することは「気を付ける」だけでは防止することができません。

例えば、ファイル共有ツール「box」などを使って、指定した相手だけがアクセスできるよう設定された環境を用意し、メールには直接ファイルを添付せずに、格納場所のみを連絡するなど、ツールのセキュリティ機能をうまく活用し、運用ルールで工夫することが有効です。

Web会議でも相手の都合を考えたスケジュール調整を

また、新型コロナウイルス感染症をきっかけに一気に普及したWeb会議ですが、前述のオンライン商談や別拠点にいる上司・同僚とのコミュニケーションに非常に有効です。ただし、事前に会議の申し込みやスケジュール調整を行い、**相手の都合や予定に配慮する**ことも、リアルな会議を行う場合と同様に重要です。

3-8 コミュニケーション編②：情報共有の成熟度

情報の価値を高める情報共有と活用ができていますか？

会社には、多くの「**情報資産**」が存在します。例えば、顧客情報、在庫情報、商談情報などは、個人や部署別で管理しているものの、全社視点で見ると点在していて、共有されていないケースは少なくありません。

デジタル化が情報共有の第一歩

紙で管理されている場合は、これを**デジタル化して共有や検索ができるよう**にファイル共有サーバーで**管理**していくことが、デジタル化を進めていく第一歩になります。

そして次に、デジタル化された情報資産を、個人や部門内だけでなく他部署にも共有できるようにして、**全社で一元管理・共有**できるようにします。

万全なセキュリティとリスク対策が必要

特に優先度の高い情報は顧客に関する情報です。顧客の基本情報をはじめ、顧客とのやり取りの履歴、購買履歴などを共有することは、**全社的な顧客対応品質を安定化させるための土台**になります。

ただし、**セキュリティ面には十分留意**することが必要です。アクセス権限管理をしっかりと行い、その情報にアクセスできる部署や担当者を運用ルールに則り最新状態に保つようにします。

特に、個人情報に関する扱いについては、全社員への教育を徹底し、正しい知識を持って情報漏洩のリスク対策を十分に行う必要があります。

デジタルツールを使った情報共有を成功させるためには、リアルタイムで同じ情報を共有しながら業務ができるよう、**入力の徹底と、入力した情報を使って業務が回る仕組み**を作りましょう。

3-9 オペレーション編①：業務システムの活用度合い

　デジタルツールを業務の中で活用できていますか？

　デジタルツールを導入したけれども、うまく使いこなせていないという課題に直面することはよくあることです。そういう場合は、**業務手順や運用ルールを見直して**、そのツールに入力したデータを使って業務を回すようにし、後続の業務に迷惑をかけないように**データ入力を徹底**させることが効果的です。

　また、データの入力をする部署や担当者、データを活用する部署や担当者にシステム運用の教育を行い、自分の**前後の業務プロセスに対する理解を深め**ておくことも大切です。

データ入力の非効率を排し、アクセシビリティにも配慮

　極力、紙の運用は排して、手書きデータをシステムに登録する業務をなくすことや、複数のデジタルツールを導入する際には、**データ連携も含めて全社最適の視点で検討**を行い、例えば同じような顧客データを複数のシステムに繰り返し登録するといった非効率が発生しないようにすることも重要です。

　また、システムの入力や参照は社外からできるようにクラウドシステムを選定することや、スマホからシステムを利用できるといった**情報へのアクセスしやすさに配慮**することも重要です。

3-10 | オペレーション編②：自動化ツールの活用度合い

自動化ツールの利用目的の範囲を広げられていますか？

自動化ツールを活用する第一歩は、自動化候補の業務を増やしていくために、属人化した業務も含めて棚卸しを行い、**洗い出した業務の手順の可視化や標準化を進める**ことです。その際、標準化した上でそもそも不要な業務を廃止する、他の手順に置き換えるなど、**自動化しやすいよう業務を単純化する**検討を加えることも重要です。

そして、自動化候補の業務に、現状でどの程度時間をかけているかを整理します。そうすることで、**自動化によりどの程度の時間削減効果が見込めるかを明らか**にすることができます。

自動だからできるプラスαの業務も加える

自動化候補の業務の中には、**粗利アップにつながる業務**も加えるよう検討が必要です。例えば、インターネット上の競合情報の収集など、手動ではなかなか手間がかかるのでやっていないような業務も、自動化ツールを活用することで実現できるからです。

自動化ツールの導入で普段使っているツールの活用度合いも向上

自動化したい候補業務を洗い出したら、**利用する自動化ツールを選定**します。自動化ツールの種類には、RPAやiPaaSなどがあります。その特徴は、複数のデジタルツール同士を組み合わせた自動化を実現できることです。Webブラウザ、Officeツール、業務システムなど、普段利用しているデジタルツールの活用度合いを高める上でも、自動化ツールを活用した業務を検討することは有効です。

3-11 オペレーション編③：テレワークの成熟度

テレワーク成功に必要な環境作りに取り組めていますか？

テレワークは、営業先への外出時、出張先、在宅での勤務時などが含まれます。**必要な人が必要なとき、やりたいときにテレワークという手段を不自由なくとれる準備を整える**ことが重要です。

システムや運用ルールに加え、人事評価の基準も変更を

テレワークを導入する際には、モデル社員や部署を設定して事例を作り、課題を解決していきながら横展開していき、全社に適用していくやり方がスムーズです。

テレワークに必要な環境作りには、システム、セキュリティ、運用ルール、就業規則などの整備が必要です。また、働いた時間に対する評価から、成果を評価するように人事評価の基準を変えることも大切です。

ハンコをもらうための出社を廃止

また、ほとんどの業務をテレワークで実施可能にするための、**運用の見直し**も行う必要があります。紙の書類を郵送でやり取りしたり、押印や署名をもらってワークフローを回すために出社したりする必要がないようにします。業務の役割分担があいまいになっていると、テレワークによる生産性の低下を招く場合もあるので、役割分担の見直しも行い、一人ひとりが気持ちよく業務を進められる環境を整えることが重要です。

そして、テレワークを成功させるために欠かせないのが、テレワークへの正しい理解の浸透、風土作りです。例えば、在宅勤務者はさぼりやすいのではないか、育児や介護などの理由でテレワークを選択している人は特別扱いされているのではないか、といった偏見を払拭するような従業員教育が欠かせません。

3-12 マネジメント編①：BIツールの活用度合い

蓄積したデータの集計・可視化・分析をスムーズに行えていますか？

まず導入済みツールのBI機能をチェック

BIツールは、データを自動集計しグラフやマップの形で可視化・分析することができるデジタルツールです。BIツールは、**すでに自社に導入済みのデジタルツールに含まれている**ことがありますので、まずはその機能を活用することができないか検討してみることが第一にやるべきことです。

その上で、機能面で物足りなさを感じた場合や、複数のデジタルツールに入っているデータを統合・横断的に分析する場合などには、**BIに特化した製品を導入する**ことを検討していきます。その際には、分析の目的や自社のITリテラシーに合うBIツールを選定することが重要です。

また、BIツールの運用を得意とする**専任担当者を置く**ことも、全社のBIツールの活用を促進することにつながります。会社の規模に応じて、1人だけでなく、部署ごとに専任者を育成するようにすることで、全社的な情報活用度合いを高めることにつながっていきます。

入力ルールを徹底してデータクリーニングを不要に

BIツールは、社内のデータを集計・可視化・分析することを得意としていますが、その元となるデータがきれいに整備できていない状態の場合、BIツールにデータを取り込む前に、**データクリーニング**と呼ばれるデータを一定のルールに沿って整備する作業が発生することがあります。BIツールに取り込むデータを管理するデジタルツールは、**入力の運用ルールを徹底**し、できるだけクリーニングを必要とせずにタイムリーな分析結果を確認できるようにすることが、BIツールの活用度合いを高めることになります。

また、BIツールにデータを取り込む際には、**RPAなどを使って自動的に取り込める仕組みにしておく**ことも、リアルタイム経営を行う上で重要です。

3-13 マネジメント編②：データ分析の成熟度

次にとるべき施策をデータから見いだせていますか？

データ分析の第一歩は、Excelの表計算機能などを使って、**データ分析に必要な情報を分析しやすいように統合する**ことから始まります。

時系列推移などデータの傾向を掴む

その上で、統合データをもとに、まずは時系列の推移や割合などを分析して、**データの傾向を掴む**ことが最初の段階です。

顧客を様々な手法を使ってセグメント別に分析

次に、パレート分析、RFM分析、デシル分析など、セグメント別の数字を出して、例えば「重要な購買層である上位2割の顧客」「最近の購入日、取引頻度、取引金額の大きさによる顧客ランク」「顧客セグメントごとの購入比率や売上構成比から注力すべき顧客グループ」など自社の**顧客を様々な角度から分析**していくことが重要です。

データと自社ビジネスの相関を分析

さらに、相関性分析、回帰分析などを使い、**様々なデータを掛け合わせて自社のビジネスとの相関性を分析**し、売上向上の施策に活かしていくことが、データ分析の成熟度を高めます。

AIを使った未来予測も視野に

なお、データ分析は過去の結果だけにとどまりません。**機械学習（AI）を活用した予測**をもとに次の施策を打つことで、競合他社との差別化をはかっていくことも重要です。

3-14 マネジメント編③：リアルタイム経営の成熟度

経営のPDCAサイクルを迅速に回せていますか？

デジタルでタイムラグのない情報更新

　業績のデータやKPIは、経営判断を下していくための重要な指標です。これまで説明してきたとおり、まずは紙ではなく**デジタルで情報管理**をすることが第一歩です。

　そして、**データの更新は人手を介さず自動化**し、当月のデータを翌月中旬以降にならないと確認できないといったタイムラグをなくして、リアルタイムにデータを確認できるようにすることも重要です。

BIツールで集計・可視化・分析

　蓄積されてきたデータは、BIツールを活用することで、業績を把握するために必要な集計・可視化・分析を簡単に行うことができます。

　紙のレポートから脱却し、経営会議などではBIのダッシュボードを使って現状把握や業績アップの施策を検討し、実行した施策の結果をBIで確認することで、経営のPDCAサイクルを迅速に回せるようにすることが大切です。

社内データと社外データを掛け合わせて分析

　また、社内で管理しているデータを分析の対象にするだけでなく、RPAを活用してWebから競合企業のデータを入手したり、リサーチ会社などから購入したデータを掛け合わせたり、経営戦略の仮説に基づいて顧客にアンケート調査を行いその結果を分析に加えるなど、**社内外のデータを掛け合わせた分析をする**こともリアルタイム経営の成熟度を高めます。

3-15 | セキュリティ編①：内部対策の徹底度合い

　教育、ウィルスソフト、IT資産管理の3つの対策は万全ですか？

　最初に行うのは、最低でも**アンチウィルスソフトを導入**し、ウィルスパターンファイルの更新運用を徹底することです。常に最新のウィルスに対応できるようにすることが重要です。

社員の知識不足がリスクにつながることも

　その上で、**定期的なセキュリティ教育を実施**します。セキュリティリスクは、悪意のある操作によるものだけが原因とは限らず、知識不足から発生するケースも少なくないからです。

　また、残念ながらセキュリティ事故が起きてしまった場合は、その事例を対策とともにセキュリティ教育の内容に含めて更新していくことで、周知徹底します。

ミスを発生させない運用やIT資産管理ツールを導入

　また、ファイルの受け渡しにはできるだけメール添付ではなく、**アクセス権の管理が可能なファイル共有ツールに格納**し、その場所へのパスをメールに記載する運用とするなど、**ケアレスミスを発生させにくい運用**を検討することも効果的です。

　そして、社内のすべてのPCなどのログを管理できる**IT資産管理ツールの導入**や、退職時にはすみやかにアカウントを削除するといった**マニュアルの整備**を行い、全社的なセキュリティ管理体制を構築することが内部対策の徹底度合いを高めます。

3-16 | セキュリティ編②：外部対策の徹底度合い

物理面、Web脆弱性、不正アクセス防止の３つの対策は万全ですか？

外部者の侵入など物理的な攻撃への対策

外部対策は、PC機器ののぞき見防止フィルターや持ち出し防止ワイヤー、袖机やキャビネットの施錠管理など、**物理的な対策**から始めていくことが最低限必要です。

また、内部対策と同じように**外部からの攻撃に対する社員教育も重要**です。例えば、ソーシャルハッキングやソーシャルエンジニアリングと呼ばれる手法では、会社の関係者を装って電話をかけ、それとなく社内の情報を聞き出そうとするなど、人間の隙を狙った攻撃を仕掛けてきます。また、セキュリティカードを持たずに社員の後に続いて社内に侵入しようとするテールゲートも脅威の１つです。そうした外部からの悪意ある行動に対応するための教育が社内の情報資産を守ることにつながります。

自社Webサイトについても、Web制作会社と相談の上、**自社サイトの構造に合う脆弱性対策**をしっかり実施しておき、さらに第三者機関などからの定期的な脆弱性診断を受けるとよいでしょう。

不正アクセス防止はUTMが主流に

そして、社内システムへの不正アクセス防止対策も欠かせません。この対策には、ファイアウォール、ウィルスソフト、スパムメール対策ソフトなど様々な製品が販売されていますが、最近はそれらを個別に導入するのではなく、そうした複数のセキュリティ機能を集約した製品である**UTM（統合脅威管理）を導入**することが主流です。物理的には、社内ネットワーク（LAN）とインターネットとの間に複数のセキュリティ機能を集約したセキュリティゲートウェイと呼ばれる機器を設置します。UTMを利用した集中管理は運用コストを抑え、効率的にセキュリティ対策を行うことができます。

自社のレベルを知る「DX診断」チェックリスト

　　まず、本書を読みながら、該当する（できている）項目の□に✓マークを入れ、実際にDX投資に踏み切る際に、もう一度チェックすると、DXの実効性向上につながります。

マーケティング編

＜Webサイトの活用度合い＞

□　□　コーポレートサイトのほかに、商品や採用などの専用ページがある

□　□　Webサイトの役割・目的を明確にしている（マーケティング、ブランディング）

□　□　購買意欲の高い訪問者が使うキーワードの検索で1ページ目に表示されている（SEO対策）

□　□　Webサイト上で「接客」ができている（導線設計）

□　□　カスタマージャーニーマップを作成している

□　□　Webサイト上でアクションのあった顧客を途中離脱させずにクロージングできている（コンバージョン）

□　□　十分なセキュリティ対策を取っている（SSL、証明書）

＜MAツールの活用度合い＞

□　□　MAを導入している

□　□　ターゲットリストを作成している

□　□　MAに対応したWebサイトを構築している

□　□　メルマガなどを使って、定期的な情報提供をしている

□　□　自社に合ったスコアリングができている

□　□　インサイドセールスへの受け渡し体制・プロセスを構築している

□　□　MAの導入効果を測定している

＜Web管理体制の成熟度＞

□　□　Webサイトを定期的に更新している

- □ □ Web管理の体制が整っている（専任担当者がいる）
- □ □ コンテンツを生み出す体制・役割分担ができている
- □ □ コンテンツが量産できている
- □ □ KPI目標の設定と達成に向けた継続的改善（離脱防止など）ができている
- □ □ CPAを把握している
- □ □ ABテストを繰り返してCPAを改善している

セールス編

＜SFA／CRMの活用度合い＞
- □ □ SFA／CRMを導入している
- □ □ 顧客情報、商談情報を一元管理している
- □ □ 営業プロセス定義ができている
- □ □ データ入力を徹底する仕組みがある
- □ □ 顧客情報を活かしたマーケティング／営業戦略を立てている
- □ □ 入力したデータを営業会議や評価などに活用している
- □ □ SFA／CRMが売上アップにつながっている

＜オンラインセールスの成熟度＞
- □ □ オンラインセールスに対応した営業シナリオやツールを作成している
- □ □ オンラインセールス用の営業ロールプレイングを実施している
- □ □ オンラインセールスの状況を録画して、商談後にフィードバックしている
- □ □ オンラインセールスに上司や社内の専門家が参加し、アドバイスしている
- □ □ オンラインセールスのプロセスを改善する仕組みがある（勝率を高めるPDCAができている）
- □ □ オンラインセールスを導入して商談件数や契約件数が増加している

＜インサイドセールスの成熟度＞

- □ □ インサイドセールスを実施する体制がある
- □ □ コンバージョン（資料請求など）があった場合、当日にその顧客に連絡している
- □ □ 営業担当者への案件パスをスムーズに行えている
- □ □ 顧客ニーズなど、営業が必要とする事前情報を収集できている
- □ □ 顧客と定期的に連絡を取っている
- □ □ 顧客を育成できている
- □ □ 失注客や休眠顧客の掘り起こしを積極的に行っている

コミュニケーション編

＜コミュニケーションツールの活用度合い＞

- □ □ ビジネスチャットを導入している
- □ □ メールとチャットの使い分けができている
- □ □ ファイル共有ツールで資料や情報のやり取りをしている
- □ □ ファイル共有時のセキュリティ対策を十分にしている
- □ □ Web会議ツールを活用している
- □ □ Web会議など、コミュニケーションを取る頻度が高い
- □ □ 十分な通信速度があり、コミュニケーションツールでスムーズなやり取りができている

＜情報共有の成熟度＞

- □ □ 情報資産は紙ではなくデジタル化されている
- □ □ ファイル共有サーバーを活用している
- □ □ 情報は個人や部署内にとどめず、全社で一元管理・共有している
- □ □ 顧客などの情報がすぐに取り出せるようになっている
- □ □ 情報にアクセスできる部署や担当者を運用ルールに則り最新状態に保っている
- □ □ 個人情報に関する取扱いの教育や漏洩リスク対策を取っている
- □ □ 入力の徹底と、入力された情報を使って業務が回る仕組みを構築で

きている

＜業務システムの活用度合い＞

☐　☐　業務を進めるためのシステムやデジタルツールを導入している

☐　☐　情報の入力を徹底し、データが常に最新状態に保たれる運用ができている

☐　☐　入力した情報を使って業務を回す仕組みを構築し、前後の業務プロセスの担当者にもシステム運用についての教育を実施している

☐　☐　手書きデータをシステムに登録する業務を廃止した

☐　☐　システム間のデータ連携によって、同じようなデータを複数のシステムに繰り返し登録するといった非効率をなくしている

☐　☐　社外からPCやスマホで情報にアクセスしやすい環境を社員に提供できている

☐　☐　システムの利用状況を定期的にチェックし、活用度を高める対策を打っている

オペレーション編

＜自動化ツールの活用度合い＞

☐　☐　自動化ツールを導入している

☐　☐　業務手順の可視化や標準化を進め、自動化候補業務を十分に洗い出している

☐　☐　標準化した上で不要な業務を廃止する、他の手順に置き換えるなど、自動化しやすいよう業務を単純化する検討ができている

☐　☐　自動化による時間削減効果を整理できている

☐　☐　時間削減だけでなく、粗利アップにつながる業務も自動化候補に加えている

☐　☐　自動化候補の業務や自社のITリテラシーに合った自動化ツールを選定できている

☐　☐　入力の徹底と、入力された情報を使って業務が回る仕組みを構築できている

＜テレワークの成熟度＞

□　□　テレワークを実施している

□　□　スモールスタートで導入を開始し、全社展開を進めている

□　□　テレワークに必要な環境作り（システム、セキュリティ、運用ルール、就業規則、人事評価）ができている

□　□　ほとんどの業務をテレワークで実施可能にする運用見直し（ペーパーレス、ハンコ不要、ワークフロー・業務分担の明確化）ができている

□　□　従業員教育などを通じたテレワークへの正しい理解の浸透、風土作りができている

□　□　必要な人が必要なときにテレワークという手段を不自由なくとれる準備が整っている

□　□　テレワークで生産性が上がっている

マネジメント編

＜BIツールの活用度合い＞

□　□　自社に導入済みのデジタルツールにBI機能が含まれている場合、それが自社のニーズに十分か確認した

□　□　導入済みツールの機能で十分な場合、その機能を活用している

□　□　導入済みツールの機能で不十分な場合、BIに特化したツールを導入した

□　□　使用しているBIツールで、複数のデジタルツールに入っているデータを統合・横断的に分析できている

□　□　BIツールの運用を得意とする専任者の設置や育成ができている

□　□　デジタルツールの入力の運用ルールを徹底し、整ったデータをスムーズにBIツールに取り込めるようにしている

□　□　デジタルツールからBIツールへのデータ取り込みを自動化できている

□　□　BIツールを活用することで経営の意思決定が早くなった

＜データ分析の成熟度＞

- ☐ ☐ Excelの表計算機能などを使って、データ分析に必要な情報を統合している
- ☐ ☐ 統合データをもとに、時系列の推移や割合などを分析している
- ☐ ☐ パレート分析、RFM分析、デシル分析などの手法を使って、セグメント別の数字を出している
- ☐ ☐ 相関性分析、回帰分析などを使い、ビジネスにつながる分析ができている
- ☐ ☐ 機械学習（AI）を活用した予測をもとにアクションを考えている
- ☐ ☐ 社内にデータアナリストやデータサイエンティスト候補がいる
- ☐ ☐ データ分析結果が売上アップにつながっている

＜リアルタイム経営の成熟度＞

- ☐ ☐ 業績やKPIを紙ではなくデジタルで管理している
- ☐ ☐ 紙のレポートではなく、BIを活用して業績の把握や経営判断を行っている
- ☐ ☐ データの更新が手動ではなく自動化できている
- ☐ ☐ 昨日の経営状況や営業状況が今日見られるような状態になっている
- ☐ ☐ 施策の結果をBIで確認し、データに基づいた経営のPDCAサイクルを回せている
- ☐ ☐ BIツールのおかげで経営のスピードが上がっている
- ☐ ☐ 仮説に基づいて社外データを収集し、社内外のデータを活用したデータドリブン経営を行っている

セキュリティ編

＜内部対策の徹底度合い＞

- ☐ ☐ アンチウィルスソフトを導入している
- ☐ ☐ 最新のウィルスに対応できるよう、アンチウィルスソフトのパターンファイルの更新を徹底している
- ☐ ☐ 定期的にセキュリティ教育を行っている

- [ ] [ ] セキュリティ事故が発生した場合は、その事例を対策とともにセキュリティ教育の内容に含めて素早く周知徹底している
- [ ] [ ] ケアレスミスによる情報漏洩リスクを予防する措置をとっている
- [ ] [ ] IT資産管理ツールを導入している
- [ ] [ ] 退職時のアカウント削除など、セキュリティに配慮したマニュアルの整備を行っている

＜外部対策の徹底度合い＞

- [ ] [ ] PC機器ののぞき見防止フィルターをはじめとした、物理的な対策を行っている
- [ ] [ ] 外部からの攻撃手口への対処法を社員に教育している
- [ ] [ ] 自社サイトの構造に合った脆弱性対策をしている
- [ ] [ ] 定期的にWebサイトの脆弱性診断を受けている
- [ ] [ ] UTM以外の手段で不正アクセス防止対策をしている
- [ ] [ ] UTMを導入している
- [ ] [ ] UTMから出るレポートを分析し、対策を検討している

第4章

DX設計図
「DXジャーニーマップ」を作る

4-1 全社的なKGI（目的・ゴール）の設定とそのポイント

　DXの取り組みを進める上で、まず**企業としての目的やゴールなど目指すべき方向性を明確にすることが第一歩**です。そして、そのゴールを具体化したものが**KGI**です。KGIは、Key Goal Indicatorの略で、「重要目標達成指標」とも呼ばれます。それでは、このKGIを設定する方法をお伝えします。

企業の目的やゴール、想いを作る

　皆さんの企業の目的やゴール、想いは何でしょうか？　DXの取り組みはその目的を実現するための方法の１つです。経営者やDXに取り組むチーム、現場の社員など、会社全員が一致団結して進む方向性を明確にしましょう。

　企業によって、多種多様なゴールがありますが、以下が一例となります。

- もっと会社を成長させる
- 社員がずっと働くことができる環境を構築する
- 自社の絶対的なファンを作る

　そして、これらのゴールは、**経営者も現場も本当に目指したいと心から望むことを掲げる必要**があります。ぜひ、誰か１人が決定するのではなく、議論を通じて夢を語り合ってください。

目的やゴール、想いを具体化する

　次のステップとして、**掲げた目的を具体的な指標に落とし込みます**。あいまいな目標ではなく、自分たちの掲げるゴールはどこにあるのか、現在とどれくらいの差があるのかを明確にするためにも、数字として示す必要があります。先ほどの例においては、以下のようにKGIとして設定できます。

- もっと会社を成長させる→年商：100億円

- 社員がずっと働くことができる環境を構築する→離職率：1.0%
- 自社の絶対的なファンを作る→LTV（顧客生涯価値）：300万円

　KGIは、必ずしも1つとは限りません。また、複数設定する場合は、優先順位を決めましょう。

　このように、企業としての目的やゴール、想いを作り、具体化することが、DXジャーニーを作る始まりとなります。

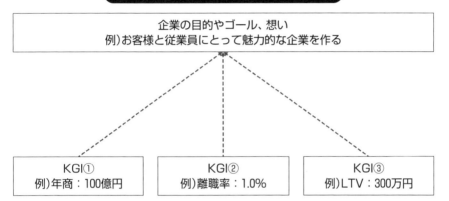

企業の目的やゴール、想いとKGIの関係

企業の目的やゴール、想い
例)お客様と従業員にとって魅力的な企業を作る

KGI①
例)年商：100億円

KGI②
例)離職率：1.0%

KGI③
例)LTV：300万円

4-2 業務プロセスの洗い出しとそのポイント

第2章で業務プロセスの洗い出しについてその概要を記載しましたが、本章ではその具体的な方法をお伝えしていきます。

業務プロセスを網羅的に洗い出す

会社全体の業務プロセスを俯瞰して整理する際には、マイケル・E・ポーター氏が提唱する「バリュー・チェーン」のように、**「主活動」**と**「支援活動」**の大きく2つに分けることからはじめます。

「主活動」とは、企業が顧客に対して行う一連の製品製造・サービス提供の流れとして定義します。例えば、集客、営業、契約、案件対応、請求、会計処理のような一連の流れになります。

一方、「支援活動」とは、主活動を行うために必要な基礎となる業務として定義します。人事労務、経理、総務、情報システムなどが例として挙げられます。

まずは「主活動」と「支援活動」に分けて、それぞれの業務プロセスを、7〜10個くらいを目処として大まかに洗い出してください。

その業務プロセスは誰が担っているか

大きく業務プロセスを洗い出した後、どの部署や役割の人がその業務を行っているのかチェックします。改めて業務の分担を明確にすることで、自分が普段行っている仕事以外のところについて、全社として共通認識を持つことができます。

業務プロセスにおける、詳細な情報、課題、理想・要望を整理する

誰が、どのようなことを行っているか大まかな整理をしましたが、さらに深く見ていきます。それぞれの業務プロセスに対して、具体的にどのような作業を行っているか、どのような課題があるのか、また本来はどのようにな

りたいのかを**整理、検討**していきます。１つひとつの活動を文字に起こすことで、改めて今の業務における現状と理想の確認を行っていきます。

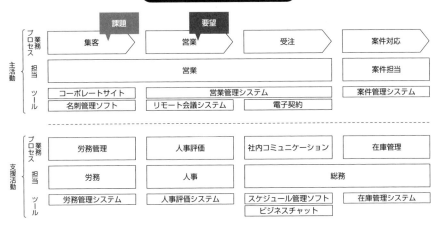

4-3 | 業務プロセスごとの デジタルツール選定のポイント

　洗い出した業務プロセスに沿って、現状はどのようなデジタルツールを使っているか。また、理想的なデジタルツールは何を使えばいいか検討をしていきます。

デジタルツールの現状を確認する

　業務プロセスに沿って、現在、利用しているデジタルツールを確認していきます。そして、操作の詳細や感じている課題感、理想を整理します。その際に、それぞれの利用者が普段思っていることを率直な意見として挙げてもらうことがポイントになります。

・操作の詳細

　誰がどんな操作を行っているか。作業頻度や難易度など。

・デジタルツールの課題

　使いづらいことや機能が不足していること、間違いやすいことなど。

・デジタルツールへの理想

　もっと追加してほしい機能や手間を減らしたいこと、使いやすさなど。

■「デジタルツールが使えない」の言葉の裏にあるものは？

　「ウチの会社のデジタルツール、全然使えないんだよ」という言葉を聞くことがありますが、その言葉の背景には、いくつかの要因が隠れています。

　それらの要因は、デジタルツール自体と利用者自身の2つに大きく分けることができます。

　デジタルツール自体に問題がある場合は、業務プロセスに対して十分な機能を有していなかったり、操作方法が難しかったり、コストが高いなどがあ

りよす。そのため、この状況においては、新しいデジタルツールに変更することが求められます。

　一方、利用者側に問題がある場合においては、正しいツールの操作方法を理解していないことや使いこなすためのスキルが不足していることなどが挙げられます。こちらの問題の場合は、デジタルツールを変更しても解決することができず、利用者側の意識の向上やデジタルツールへの理解が必要になります。また、その部署に新規に加わった人へのオンボーディングがうまくいっていないのかもしれません。

　このように、「デジタルツールが使えない」という言葉の裏には、様々な要因が潜んでいますので、その要因をしっかりと見極めてください。

デジタルツールは目標を達成するための手段

　デジタルツールの導入を検討する際には、つい機能や価格を意識してしまいがちですが、デジタルツールはあくまで業績向上や生産性向上を達成するための道具です。しっかりと成果を出すことができる道具を選ぶことが重要です。

　例えば、第2章でも触れた「売上＝客数×客単価」という計算式について、客数を増やすには、来店数を増やすことが必要で、そのためにはどのような施策が必要で、どんなデジタルツールが適しているのか。また、客単価を向上させるために、競合と比較していくらの値付けにするのがよいか、競合の情報を集め、分析できるデジタルツールは何かなど、目標と施策を実現するための最適なデジタルツールを選定してください。

4-4 業務プロセスごとの KPI設定のポイント

　洗い出した業務プロセスに対してKPIを設定します。第2章でKPI設定の概要を記載しましたが、こちらの章では業務プロセスごとのKPIの設定の方法について、詳しく確認していきましょう。

自社はどのような数字で構成されているか

　会社によって様々な業務プロセスがありますが、どのような会社も最終的には、その成果が売上高や売上原価など財務諸表にまとめられます。それでは、その財務諸表に記載される売上高とはどのような数字の組み合わせで構成され、どの業務プロセスの活動で発生しているのでしょうか。

　例えば、集客〜営業〜案件対応のような業務プロセスにおいて確認します。

・売上＝客数×客単価

こちらの式は第2章でも記載しましたが、因数分解すると、

・客　数＝Webサイトアクセス数（集客プロセス）×コンバージョン率（集客プロセス）×商談率（営業プロセス）×受注率（営業プロセス）
・客単価＝購買回数（営業プロセス）×1回当たりの購買金額（営業プロセス）

のように、**各プロセスで追うべき数字の組み合わせである**ことが確認できます。それぞれの業務プロセスで追うべき指標をKPIとして定め、企業活動全体で追うべき数字への組み合わせを明確にしましょう。

KPIで追いかける情報はデジタルツールで管理できるか

　業務プロセスで追うべきKPIを定めましたが、その数字がしっかりと集計できるように元になるデータが管理できるか、集計の加工ができるか確認が

必要です。

　先ほどの例であれば、Webサイトアクセス数やコンバージョン率はサイト解析ツールで管理、商談数や受注率はSFA（営業管理システム）で管理するといった具合です。KPIとして追いかける情報がツールやシステムで管理できることが必要です。

　そして、これらは**情報として溜まっているだけでなく、リアルタイムに数字として見られる状態にする**必要があります。そのためにも情報を管理するツールやシステムから必要な情報が出力できるか確認してみてください。

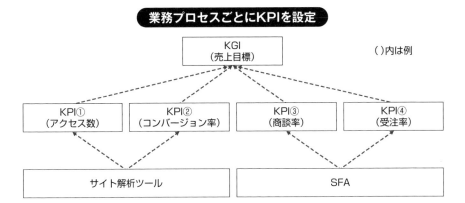

業務プロセスごとにKPIを設定

4-5 デジタルツール同士の 接続確認とそのポイント

デジタルツール同士を連携させるための方法は、第2章で記載しましたが、こちらの章ではDXジャーニーマップを作成する際にツールの連携で考慮すべきポイントについて説明します。

ツール間でどのような情報を連携させるか

ツール間を接続して受け渡すデータは、**売上や原価などお金に関する情報、名前や住所など顧客に関する情報、案件の対応情報やコミュニケーションなど業務に関する情報**の3つに大きく分類することができます。そして、それらの情報をどのような流れで受け渡すか、またどのような手段で連携を行うかが重要になります。

例えば、ホームページの問い合わせ情報が自動的に営業管理システムに顧客名をキーとして登録される。営業管理システムで売上確定となった場合は、会計システムに売掛金として登録されるような流れです。

これらの情報の授受の仕組みは、第2章で述べたようにAPIを利用して接続したり、人間が転記作業を行うところをRPAに代替させたりなど、様々な方法があります。

どのデジタルツールを連携させるか

どのデジタルツールを連携すればよいかわからない場合は、まずは**すべてのデジタルツールを可視化する**必要があります。紙でもパワーポイントでもよいので、すべてのデジタルツールを書き出します。

そして、それぞれのデジタルツールは社外に向けて利用するツールか社内での利用か大きく二分します。その上で、**お金の情報や顧客の情報、業務の情報等のつながりを結び付け、どのような方法でデータを連携させるか**が見えるようにします。

また、このようにして社内で利用しているデジタルツールを一度俯瞰して

見ると、改めて利用していないツールや重複しているデジタルツールがあったり、業務プロセスに対して不足している箇所があったりといったことが見えてきます。どのようなシーンで、どのツールが必要になるか一度整理してみましょう。

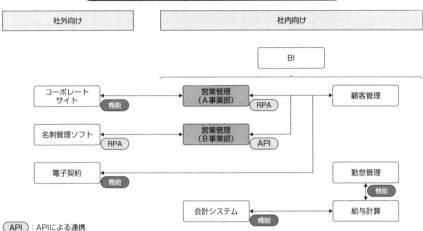

利用しているデジタルツールを俯瞰して見る

4-6 DX後の新たなCXの検討とそのポイント

　これまでは、自社目線での業務プロセスの整理やデジタルツールの選定方法についてお伝えしてきましたが、ここではデジタルツールの活用を通じて顧客に提供できる新たな体験を考えていきましょう。

モノやサービスがあふれている中、好きになってもらうために

　今の世の中は、便利な商品やサービスが溢れており、機能的な差別化が難しくなっています。そこで重要になるのが、CX（カスタマー・エクスペリエンス）です。CXは直訳すると顧客体験になるのですが、顧客の商品やサービスを購入したり、利用したりする際に発生する体験を価値として提供することを言います。**顧客が「行きたくなる仕組み」、「買いたくなる仕組み」作りを行う上で必要な考えです。**

　そして、これらを意識することで顧客と自社との関係性を築いていく必要があります。

顧客の立場に立って自社を眺めてみる

　企業としては、「顧客のためになるような商品やサービスを生み出しているが、なかなか評価されない」ということはないでしょうか。もしかしたら、顧客から見たときに、少しずれていたり、期待に沿うものでなかったりする可能性があります。また、注力している箇所以外で、顧客の評価を落としてしまっているところがあるのかもしれません。

　顧客視点で見るときのポイントは、**顧客の立場に立って活動プロセスを考える**ことです。例えば、自社にとって集客や営業と呼んでいるプロセスは、顧客にとっては、抱えている悩みを解決するための方法を調査しているプロセスであったり、実際に店舗に足を運んで商品やサービスを選ぶプロセスであったりします。

　自分自身が購入側であれば気にするポイントも、販売側の立場になるとつ

い見落としがちになります。改めて、自社の業務プロセスを裏返して、顧客がどのような活動を行っているか振り返ってみましょう。

顧客との接点と体験を考える

　顧客の活動プロセスを考えた後に、企業と顧客との接点、また体験を考えていきます。企業として顧客と接する方法はデジタルツールによる対応や人による接客、手紙や電話など様々あります。そして、それらの接点において、顧客側はどのような体験をするのでしょうか。

　例えば、以下のように表すことができます。

　・企業側：集客プロセス
　・顧客側：商品検索プロセス
　　接点：ホームページ
　　体験：具体的な事例が多く掲載されており、信頼感がある

　普段、提供している活動を振り返ってみてください。

顧客側の活動プロセスと体験の例（下段のCX）

4-7 DXジャーニーワークショップの進め方

第2章で紹介したDXジャーニーマップを作成するにあたっては、ぜひ経営者や幹部、現場の担当者など様々な方々と議論を行い取り組んでください。DXは特定の担当者が推進するものではなく、全社が一体となり、取り組む必要があります。

一体となって考えるためのワークショップ

DXジャーニーマップを会社で検討する際のオススメの方法は、**ワークショップ形式で行う**ことです。自社のビジネスを改めて振り返る機会として、丸一日くらい集中して行ってみてください。

ワークショップのタイムスケジュール例

内容	時間(分)	開始	終了
本日の進め方	5	10:00	10:05
アイスブレイク（目標設定）	10	10:05	10:15
DXとは?／DXジャーニーマップとは?	10	10:15	10:25
利害関係者の洗い出し	25	10:25	10:50
業務プロセスの洗い出し	70	10:50	12:00
昼休憩	60	12:00	13:00
KPIの検討	30	13:00	13:30
新たに導入するツールの検討	30	13:30	14:00
システム連携図の作成	30	14:00	14:30
休憩	15	14:30	14:45

内容	時間(分)	開始	終了
CX（顧客体験）の検討	40	14:45	15:25
投資回収シミュレーションの算出	30	15:25	15:55
今後の進め方の検討	35	15:55	16:30
DXジャーニーマップの発表	10	16:30	16:40
まとめ	10	16:40	16:50
振り返り	10	16:50	17:00

ワークショップのポイント

　ワークショップでは、**普段考えていることをすべて出し、アイデアを発散させることが重要**です。そのためには、出席者は以下のような心構えで参加してください。

・未来を考える場です。オープンマインドで発言をしていきましょう！

　立場を超えて、普段思っていること、気づいている課題、チャレンジしてみたい理想などをどんどん出していきましょう。

・全体最適の考えで取り組みましょう！

　自分の目の前にあることに対する議論をしたくなりますが、自分以外の人が行う業務や会社全体を俯瞰して見るなど、視野を広げて参加しましょう。

・理想を考えつつ、実行する方法を模索しましょう！

　アイデアを発散しつつも、実現可能な方法を検討する必要があります。もし、自分が行うとすればどうするかをイメージしながら取り組みましょう。

ワークショップを行った後にどうするか

　ワークショップでは、DXジャーニーマップを描くだけでなく、次の進め方についても議論する必要があります。誰が、どのような施策を、どんなスケジュールで実現するかなど、具体化するようにしてください。

　DXを進める上での地図を描くだけでなく、次のステップに進むための方法をしっかりと検討しましょう。

4-8 DXジャーニーマップ事例① 自動車販売店

会社概要

以下の企業A社を想定したDXジャーニーマップを作成。

売上規模：50億円

従業員数：160人

事業内容：自動車販売、整備、板金、損害保険など

自動車販売店A社のDXジャーニーマップ

KGI		商圏内シェア / 担当一人当たりの単月販	
プロセス	問い合わせ → 商談 → 成約 →		ローン下取り 書類
KPI	コンテンツ数 問合せ数 来店誘導率 在庫更新数	接客数 入店率	台当たり粗利 成約率 付帯率	ローン獲得率 下取り率 ミス発生率

デジタルツール

Webサイト	予約管理システム	
Web広告	チャットボット	
MA	CRM	
スケジュール調整	オンライン商談	在庫管理システム
ビジネスチャット	従業員教育システム	
RPA	OCR	
OCR		

顧客体験・従業員体験

ホームページ上で自分に合う車を探すことができ、そのまま在庫見積りを依頼できる。	アンケート内容が瞬時に店長に飛び店長から商談内容のサポートが遠隔で入り、より良い車選びができる。	電子見積りになることで、目の前で説明をしながら金額を把握できる。	ローン審査はタブレット上でデータを入力してもらい、そのまま審査ができる。

ビジネスモデル

　BtoC型のビジネスモデルです。自動車の販売によるスポット収益と同時に、自社で購入した顧客に対して点検や整備など継続的なサービスを実施し、ストック型の収益獲得を行っています。

向上すべきKPI

　このケースでは、高単価な車両販売における粗利の確保と再購入への誘導、また、点検や整備など継続的に行うサービスの維持の2つがポイントとなり、次の3つのKPIが想定されます。

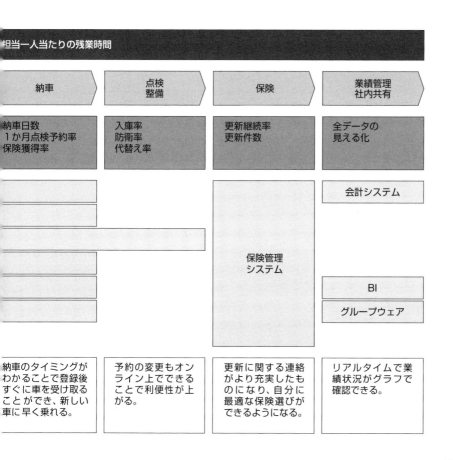

担当一人当たりの残業時間

納車	点検整備	保険	業績管理社内共有
納車日数 1か月点検予約率 保険獲得率	入庫率 防衛率 代替え率	更新継続率 更新件数	全データの見える化

会計システム

保険管理システム

BI

グループウェア

| 納車のタイミングがわかることで登録後すぐに車を受け取ることができ、新しい車に早く乗れる。 | 予約の変更もオンライン上でできることで利便性が上がる。 | 更新に関する連絡がより充実したものになり、自分に最適な保険選びができるようになる。 | リアルタイムで業績状況がグラフで確認できる。 |

1．車両販売時の粗利の向上

　　KPI＝1台当たり粗利

2．点検やサービスにおけるリピート維持

　　KPI＝防衛率（継続的にサービスを利用している顧客の割合）

3．既存客の車両再購入

　　KPI＝自社代替え率

DX前のシステム

　このケースでは、DX導入前から業界に特化した顧客管理が導入されています。しかし、そのシステムだけでは、現場の業務をカバーすることができません。また、顧客との対応履歴や数字情報などを細かく残すことができないために、別途、Excelなどで情報の管理を行っていました。それに伴い、

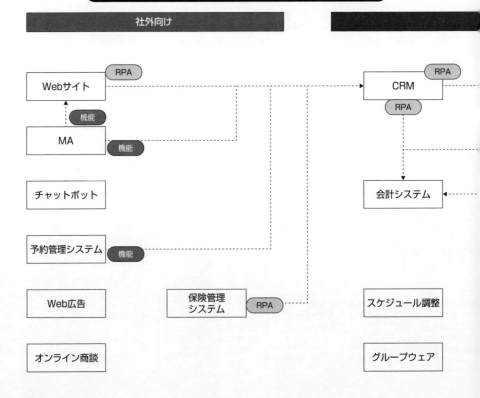

自動車販売店A社のシステム連携図（理想イメージ）

顧客管理システムとExcelでの情報の二度打ちが発生していました。

解決すべき課題

DXで解決すべき大きな課題は、以下のとおりです。

①顧客管理システムでは、商談状況や顧客の確度が管理できない
②顧客管理システムに一括インポート／エクスポートする仕組みがなく、メール配信システムをはじめ、外部のシステムと連携が必要な場合は、手作業による転記が行われていた

理想像の検討

上記の課題に対して、以下の理想像を作りました。

前提として、既存の顧客管理システムのカスタマイズが難しいことから、そのシステムを中心としつつ、補完するための仕組みを検討しました。

①クラウド型の営業管理システムを導入し、商談プロセスなどの管理を行う
②今まで人の手で行われていた顧客管理システムへのデータ入力、および顧客管理システムについて、RPAを活用することで自動化

社内向け

```
      BI
       ↑
    [ RPA ]
 在庫管理システム
    [ RPA ]
```

| ビジネスチャット | RPA |

| 従業員教育システム | OCR |

4-8 DXジャーニーマップ事例② 建築資材商社

会社概要

以下の企業B社を想定したDXジャーニーマップです。

売上規模：57億円

従業員数：100人

事業内容：住宅システム機器・設備機器、住宅構造材・外壁材販売など

建築資材商社B社のDXジャーニーマップ

KGI				LTV／人時生産性／間接比
プロセス	集客	顧客管理	営業管理	発注処理
KPI	新規客売上比率（5％）	営業担当一人当たり顧客数	購買単価、購買頻度、契約継続期間、サイト利用率	作業時間
デジタルツール	名刺管理	CRM		RPA
	Webサイト／サイト解析ツール		MA	販売管理システム
	BtoB向けECサイト		BtoB向けECサイト	
顧客体験・従業員体験	-	過去の購買履歴を把握した対応を受けることができる。	営業に確認しなくても、自分で商品を探すことができる。	やりがいのない仕事（定また、業務が標準化され

ビジネスモデル

BtoB型のビジネスモデルです。営業にはルート営業を行う営業担当と受注処理などを行う営業事務の2つの役割があり、従来、売上を上げるためには多くの人が必要になる労働集約型の企業でした。DXの導入にあたっては、BtoB向けECサイトを構築することで、営業効率の向上、および事務作業の削減を図ることにしました。

向上すべきKPI

このケースでは、BtoB向けECサイトを利用することでLTV（顧客生涯価値）を高めることがポイントです。そのためにも、顧客にBtoB向けECサイトを利用してもらえるように教育などを行う必要があります。

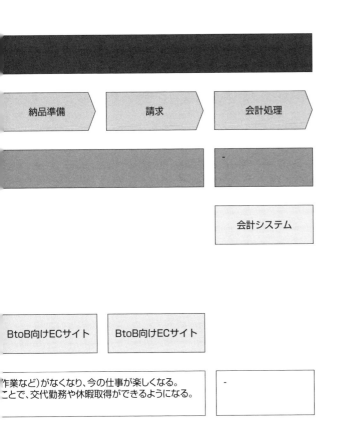

納品準備　　請求　　会計処理

会計システム

BtoB向けECサイト　BtoB向けECサイト

作業など)がなくなり、今の仕事が楽しくなる。
ことで、交代勤務や休暇取得ができるようになる。

1．LTVの向上

　　KPI＝購買単価、購買頻度、契約継続期間

2．BtoB向けECサイトの利用の向上

　　KPI＝利用率、アクセス数

3．事務処理の削減

　　KPI＝作業時間

DX導入前のシステム

　このケースでは、BtoB向けECサイトを導入する前は、顧客情報や受注情報、商品情報の管理など、多くのデータを人が１つひとつ処理しなければならない状態でした。

建築資材商社B社のシステム連携図（理想イメージ）

社外向け

Webサイト　機能

サイト解析ツール　機能

機能

BtoB向けECサイト

API

CRM

API

名刺管理　RPA

MA　機能

解決すべき課題

　大きな課題は、以下のとおりです。

①数多くの商材を扱うにあたり、営業管理システムは営業担当にとって入力
　作業など負荷が大きい
②顧客からの受注連絡（FAXや電話など）を１つひとつシステムに入力す
　る必要があり、営業担当と同人数の営業事務が必要になっていた

理想像の検討

　上記の課題に対して、以下の理想像を作りました。

①顧客への窓口として、BtoB向けECサイトを設置。顧客が手軽に注文でき
　る環境を作るとともに、訪問での営業を減らし、営業効率の向上を目指す
②受注はBtoB向けECサイトに集約。ま
　た、FAX対応が必要な場合には、AI-
　OCRを活用して手書きの文字をデータ
　化。営業事務の作業効率向上を図る

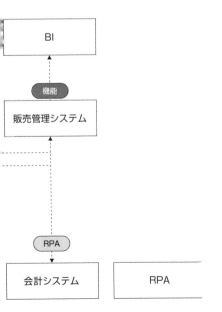

DXジャーニーマップ事例③
建築会社

会社概要

以下の企業C社を想定したDXジャーニーマップです。

売上規模：50億円

従業員数：70人

事業内容：新築住宅、リフォームなど

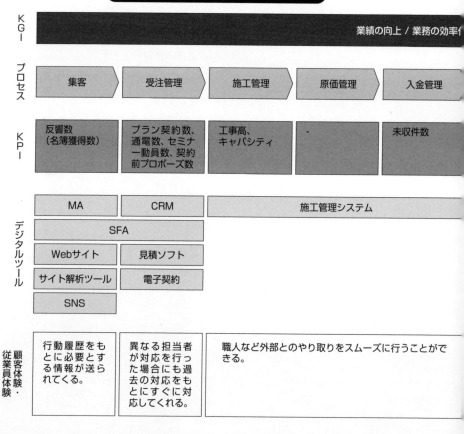

建築会社C社のDXジャーニーマップ

KGI	業績の向上 / 業務の効率化				
プロセス	集客	受注管理	施工管理	原価管理	入金管理
KPI	反響数 （名簿獲得数）	プラン契約数、通電数、セミナー動員数、契約前プロポーズ数	工事高、キャパシティ	-	未収件数

デジタルツール

MA	CRM	施工管理システム
SFA		
Webサイト	見積ソフト	
サイト解析ツール	電子契約	
SNS		

顧客体験・従業員体験

行動履歴をもとに必要とする情報が送られてくる。	異なる担当者が対応を行った場合にも過去の対応をもとにすぐに対応してくれる。	職人など外部とのやり取りをスムーズに行うことができる。

ビジネスモデル

BtoC型のビジネスモデルです。主に、新築住宅の施工を行っており、顧客への対応にあたり、営業担当や設計担当、施工担当など複数の役割でチームを構成し、顧客対応を行う必要があります。

向上すべきKPI

このケースでは、営業担当の活動状況の把握に加え、工務担当や設計担当の生産性の数字を押さえる必要があります。

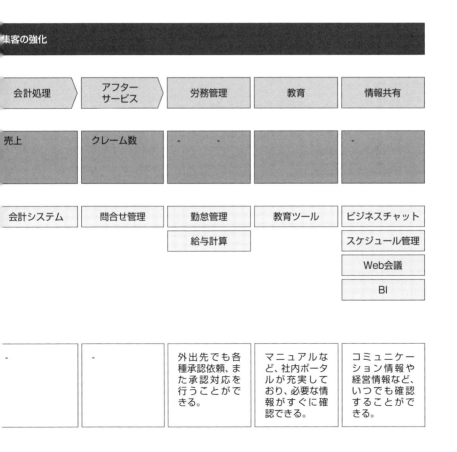

集客の強化				
会計処理	アフターサービス	労務管理	教育	情報共有
売上	クレーム数	-	-	-
会計システム	問合せ管理	勤怠管理 給与計算	教育ツール	ビジネスチャット スケジュール管理 Web会議 BI
-	-	外出先でも各種承認依頼、また承認対応を行うことができる。	マニュアルなど、社内ポータルが充実しており、必要な情報がすぐに確認できる。	コミュニケーション情報や経営情報など、いつでも確認することができる。

1．顧客獲得数の向上

　　KPI＝通電数、セミナー動員数、契約前プロポーズ数

2．案件対応の生産性向上

　　KPI＝工事高、図面作成枚数

DX導入前のシステム

　このケースでは、業界に特化した顧客管理が導入されており、顧客にまつわるすべての活動情報を記録していましたが、営業段階における商談情報の管理や施工段階における予定管理などを行うことができず、別のシステムも導入していました。その結果として、複数システムへデータが分散するとともに、情報の二度打ちが必要になっていました。

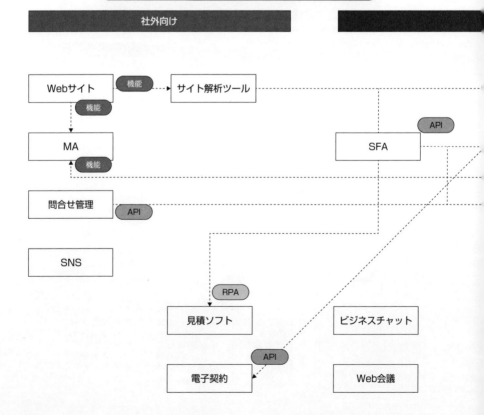

建築会社C社のシステム連携図（理想イメージ）

解決すべき課題

　大きな課題は、以下のとおりです。

①複数のシステムに情報が分散した際に、情報の二度打ちが発生しているため、業務が煩雑になっている
②複数システムに情報が分散した結果、営業や施工など各担当者は自分が利用するシステムしか意識しないため、情報共有の抜け漏れが発生していた

理想像の検討

　上記の課題に対して、以下の理想像を作りました。

①営業から顧客管理まで一元管理できる仕組みの導入
②施工管理には、RPAを用いて情報の転記作業を自動化

社内向け

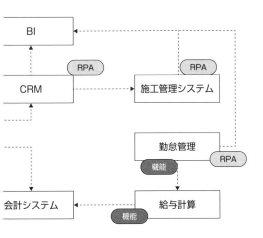

DXジャーニーマップ事例④
電気工事業

会社概要

以下の企業D社を想定したDXジャーニーマップです。

売上規模：15億円

従業員数：40人

事業内容：電気設備工事や空調・冷暖房設備工事など

電気工事業D社のDXジャーニーマップ

	リスト管理	販売促進	引き合い	積算	受注
KGIプロセス					売上 / 総労働時間
KPI	-	-	-	見積りの作成件数、一件当たりの見積り単価	受注額、受注件数、受注率
デジタルツール	名刺管理	Webサイト／サイト解析ツール	SFA	積算ソフト	基幹システム
	基幹システム	SNS	ビジネスチャット	見積書作成ソフト	CAD
		MA		実行予算作成ソフト	クラウドストレージ
					Web会議
顧客体験・従業員体験・プロセス	別の担当に相談をしたときでも情報共有ができている。	現在困っていることに対して適切なメールが送られてくる。	相談するとすぐに対応を行ってもらえる。	見積りの提出が迅速でその後の対応が行いやすい。	-

	品質管理	安全管理	売上・原価管理	支払業務	入金処理
プロセス KPI	-	-	進行基準、完成工事での出来高・付加価値	-	
デジタルツール			基幹システム		基幹システム
			ビジネスチャット		
顧客体験・従業員体験・	-	-	-	-	-

ビジネスモデル

BtoB型とBtoC型のどちらの工事も行っていますが、収益はBtoB型がメインとなります。大型工事の場合など、時間がかかる案件も多く、年度を跨いで収益の変動が大きくなる可能性があることも特徴です。

向上すべきKPI

このケースでは、売上について複数の基準で把握することや、外部への発注状況、営業活動の情報を把握することを狙って、以下を指標として定めました。

着工準備	実行予算書の作成	施工図面作成	現場管理
	外注業者への発注金額	-	-
クラウドストレージ	ビジネスチャット	CAD	ビジネスチャット
グループウェア			日報システム
	-	-	-

会計入力	人事労務管理	情報共有	施工計画書
	残業時間、採用数、事故数、育成人数	-	-
会計ソフト	給与計算ソフト	グループウェア	施工計画管理
表計算ソフト	勤怠管理システム	ビジネスチャット	
	-	-	-

1. 各基準での売上確認

   KPI＝進行基準での出来高・付加価値、月ごとの完成工事での出来高・付加価値高、当期末までに完成する工事の出来高・付加価値高

2. 営業における進捗状況

   KPI＝見積りの作成件数、1件当たりの見積もり単価、受注数

3. 工事の原価削減

   KPI＝外注業者への発注金額

DX導入前のシステム

　このケースでは、自社開発のシステムで顧客管理や各案件の予算管理、原価管理が行われており、そのシステムを中心として業務が組み立てられていました。足りない仕組みについては、他のシステムを併用して使っている状況であり、いずれはシステムのリプレースが必要なのですが、当面のあいだはコスト的にも再開発は難しく、市販されているパッケージソフトも自社の業務に合っておらず、現状の仕組みを活かした方法が求められていました。

解決すべき課題

　DXで解決すべき大きな課題は、以下のとおりです。

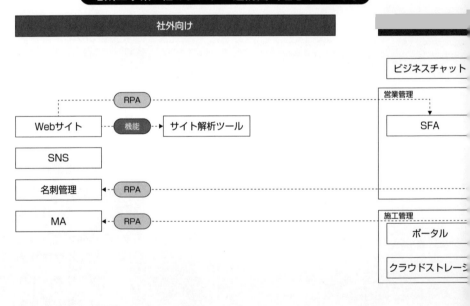

電気工事業D社のシステム連携図（理想イメージ）

①KPIなど業務の状態をリアルタイムに集計することができない
②複数のシステムで同じ情報の二度打ちが発生している

理想像の検討

　上記の課題に対して、以下の理想像を作りました。

①自社開発のシステムや勤怠管理システムなど、KPIの元データを管理して
　いるシステムから情報を引っ張り、BIで見える化する仕組みを構築
②人が行っていた各種システムの情報の入力を、RPAを使って代替させる

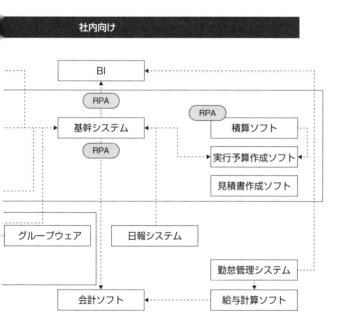

DXジャーニーマップ事例⑤
土地家屋調査士法人

会社概要

以下の法人Eを想定したDXジャーニーマップです。

売上規模：1.7億円

従業員数：20人

事業内容：土地家屋調査士業務

土地家屋調査士法人EのDXジャーニーマップ（主活動）

						測量業務		
KGI	業務効率化と平準化 / シームレスなデータ連携の実現							
プロセス	集客	営業	見積り	受注	調査	測量	作図	立会調整
KPI	-	仮測量件数、敷地調査件数	-	-	-	現場あたり稼働時間	作図処理時間	立会調整回数
デジタルツール	Webサイト / SNS / Web広告 / MA	CRM / 名刺管理	業務システム	CRM	地図ソフト / 登記情報サイト / 自治体サイト / クラウドストレージ	クラウドストレージ / 測量機器 / CAD	クラウドストレージ / 測量機器 / CAD	
顧客体験・従業員体験	専門知識をわかりやすい形で知ることができる。	・BtoBの場合 定期報告がPDFファイルで送られてくるので安心。また、PDFなので、保管が簡単。 ・BtoCの場合 問い合わせをすると、すぐに対応してもらえるので信頼できる。						

ビジネスモデル

　BtoBとBtoCのどちらもありますが、BtoBの依頼が多いパターンです。集客はWeb広告やSNSを活用して認知度の拡大を行い、Webサイトへ誘導します。営業対応の後は、事前調査や現地測量、作図などを行い、納品・請求という流れです。

向上すべきKPI

　このケースでは、案件対応の効率化がポイントになります。そのためKPIについては、以下を重点として定めました。

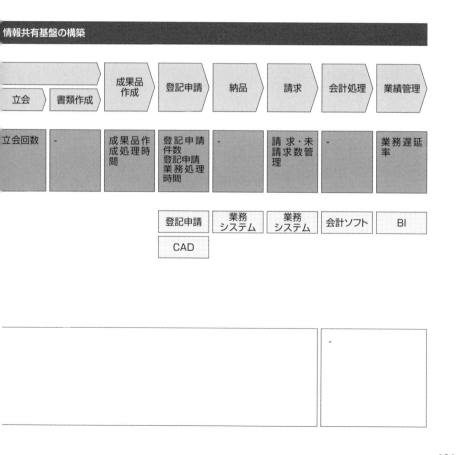

1．測量依頼

   KPI＝仮測量件数、敷地調査件数

2．現地測量の効率化

   KPI＝現場当たり稼働時間

3．作図

   KPI＝作図処理時間（1枚当たり）

DX前のシステム

　このケースでは、Web広告などからの反響や顧客情報を管理するためのクラウドサービスとともに、見積書や請求書の発行、申請を行うための業界特化型のパッケージソフトが導入されていました。また、社外で行う作業が多い中で、アナログな勤怠管理を行っていました。

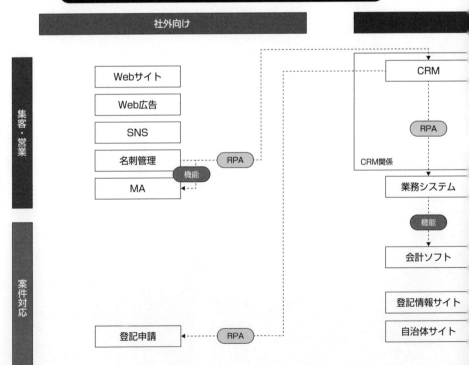

土地家屋調査士法人Eのシステム連携図（理想イメージ）

解決すべき課題

DXで解決すべき大きな課題は、以下のとおりです。

①複数のシステムで顧客情報を管理しているため、二度打ちが発生している
②案件当たりの工数など、生産性を見るためのデータが各システムに分散している。そのため、情報収集に手間がかかり、すぐに集計できない
③出社と退社時にはタイムカードで記録する必要があり、直行直帰ができない

理想像の検討

上記の課題に対して、以下の理想像を作りました。

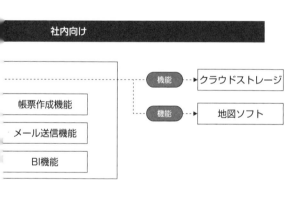

①システム間のデータの受渡しについて、APIを利用してつなぐ仕組みを開発
②案件にかかった工数などをRPAで自動収集。BIを活用して現場の生産性を見える化する
③クラウド型の勤怠管理サービスを導入し、直行直帰やテレワークでも勤怠処理ができるように変更

4-8 DXジャーニーマップ事例⑥ 税理士法人

会社概要

以下の法人Fを想定したDXジャーニーマップです。

売上規模：2億円

従業員数：26人

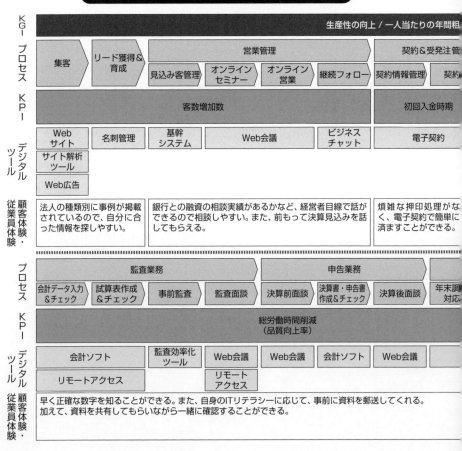

税理士法人FのDXジャーニーマップ（主活動）

事業内容：税務顧問、経理代行など

ビジネスモデル

BtoB型のビジネスモデルです。集客や営業を経て顧問契約となります。その後は、定常業務の顧問対応とともに年末調整や確定申告対応などを行います。

向上すべきKPI

このケースでは、既存顧客への対応がポイントになります。既存顧客の契約を維持しつつ、効率的な業務を遂行することが必要です。

	契約&受発注管理			
初期指導 進捗管理	顧客管理			
		業務管理	資料回収管理	社内業務連絡	社外業務連絡
初期指導 完了時期	解約率／顧問報酬額	時間当たり報酬単価	試算表納品率	

基幹システム

	クラウドストレージ		ビジネスチャット

	-	自分のタイミングで手軽に(電子ファイルで)提出することができる。また、不足資料があった場合、すぐに教えてくれる。

季節業務	請求処理	会計処理	バックオフィス業務		
確定申告対応			工数勤怠管理	人事労務管理	業績管理
	売上発生翌月入金率	-	-	-	-

会計ソフト	会計ソフト	工数管理	従業員管理	BI
		勤怠管理	給与管理	

-	-	-	-	-	データに基づく意思決定、行動ができる。

1. 既存顧客からの売上向上

    KPI＝解約率、顧問報酬増加額

2. 生産性の向上

    KPI＝労働時間、時間当たり報酬単価

3. バックヤード適正化

    KPI＝売上発生翌月入金率

DX前のシステム

　このケースでは、税理士業務を丸ごとカバーすることができるパッケージ
ソフトが導入されていました。そのソフトは、顧客管理や案件管理、社内の

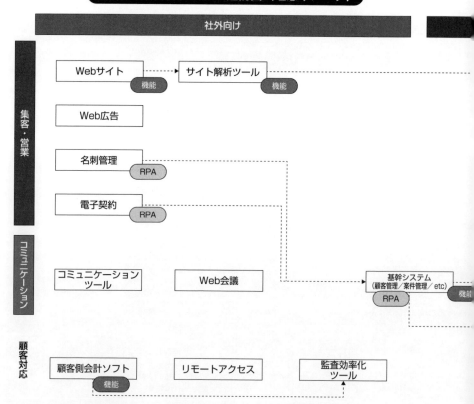

税理士法人Fのシステム連携図（理想イメージ）

コミュニケーションなどを管理できる機能を有しているのですが、利用者の運用において課題がありました（下記の①）。また、蓄積されたデータの有効活用も検討事項としてありました。

解決すべき課題

DXで解決すべき課題は以下のとおり。

①入力する人がデータを間違えていることや遅いことがある
②業務として追うべきKPIが不明確になっていた

理想像の検討

上記の課題に対して、優れた機能を有しているパッケージソフトを最大限活用すること、また、そこで足りない機能を補完することをテーマとして、以下の理想像を作りました。

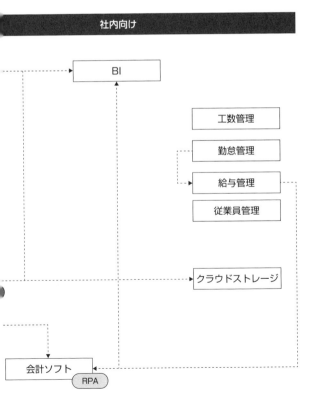

①操作マニュアルや動画などを作成し利用者に配付。また、定期的に操作内容のチェックを行い、正しい入力を徹底する
②パッケージソフトから顧問先ごとの売上や作業工数を出力し、BIで見える化。不採算業務を特定できる仕組みを構築する

DXジャーニーマップ事例⑦
弁護士法人

会社概要

以下の法人Gを想定したDXジャーニーマップです。

売上規模：5億円

従業員数：20人

事業内容：刑事事件の弁護など

弁護士法人GのDXジャーニーマップ（主活動）

KGI				売上の見える化 / 進捗状況の見える化 / リモートワークの導…	

プロセス	リスト管理	集客	初回面談（電話相談）	利益相反チェック	反響管理	顧客育成
KPI	-	表示回数、Webサイト訪問数	反響数、反響率、面談率、面談数	-	-	-

デジタルツール	名刺管理	Webサイト	CRM			
	CRM	サイト解析ツール	コミュニケーションツール			Web会議
		Google広告	スケジュール管理			
		SNS	電子決済			

顧客体験・従業員体験	-	事例が多く掲載されており、安心して依頼できる。	都合の良いタイミングでコミュニケーションが取れる。	-	-	定期的に連絡がもらえるので安心できる。

プロセス	事件処理				請求管理（報酬金）	入金確認
	資料管理	依頼者対応	関係者対応	金銭管理		
KPI	-	-	-	-	-	-

デジタルツール	クラウドストレージ	コミュニケーションツール	コミュニケーションツール	CRM	請求書	ネットバンキング
					クラウドストレージ	

顧客体験・従業員体験	示談交渉後の結果など、いつ情報を教えてもらえるかがわかるので、安心できる。				電子ファイルで請求書がもらえるので簡単。	-

ビジネスモデル

BtoC型のビジネスモデルです。主な集客はWebサイトやWeb広告からの誘導となります。初回面談を行った後は、依頼者と密なコミュニケーションを行うとともに、相手方の弁護士や裁判所、警察など様々な人との対応や書類のやり取りを行う必要があります。

向上すべきKPI

このケースでは、相談者の数や受任の件数を増やすとともに、担当の弁護士が効率的に案件処理を行えることがポイントとなります。

受任	委任契約書の送付作成	請求管理（着手金）	事件処理	
			進捗管理	事務局業務
受任率、受任件数	-	-	終了件数	-
	電子契約	請求書	CRM	
		クラウドストレージ		

	郵送の手間がないので便利。	電子ファイルで請求書がもらえるので簡単。	-	-

会計処理	バックオフィス業務		
	勤怠管理	人事労務管理	業績管理
着手金、報酬金、日当	-	-	-
クラウド会計	勤怠管理	従業員管理	BI
		給与管理	
	勤怠情報が出力できるので、集計が簡単。	給与計算など簡単に行うことができる。	-

1．相談件数の最大化

　KPI＝Web広告などからの反響数、反響率、面談率、面談数

2．受任数の最大化

　KPI＝受任率、受任件数

3．弁護士の業務効率化

　KPI＝労働時間、残業時間

DX前のシステム

　このケースでは、Web広告の反響管理や顧客管理、その後の案件管理などについてシステム化はされておらず、Excelで管理されていました。また、業務として委任状や示談書など各関係先との書面のやり取りが多く発生しますが、Wordで定型の帳票フォーマットを用いて、都度、人の手により作成

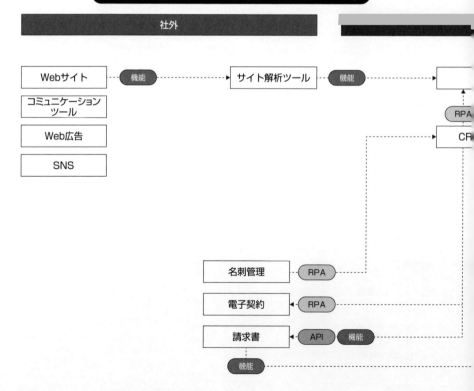

弁護士法人Gのシステム連携図（理想イメージ）

が行われていました。

解決すべき課題

DXで解決すべき大きな課題は、以下のとおりです。

①Excelで情報がバラバラに管理されており、1人の顧客に関係する情報を
すぐに探すことができない
②反響数や受任数、案件に対する工数などをすぐに集計することができない
③書面の作成について、名前や住所など同じ情報を転記する作業が大量に発
生している

理想像の検討

上記の課題に対して、以下の理想像を作りました。

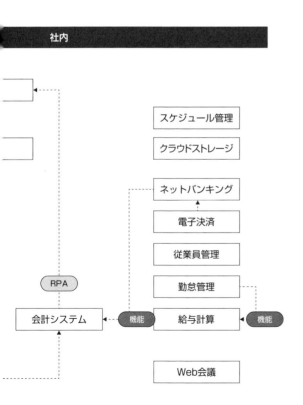

①クラウド型の業務アプリ
開発サービスを活用し
て、Excelで行っていた
業務を一元管理できる仕
組みを構築
②上記システムで管理して
いるデータをBIに紐づ
けて情報を見える化。書
面作成については、定型
フォーマットに依頼者名
などを流し込める仕組み
を開発する

DXジャーニーマップ事例⑧
IT企業（受託開発）

会社概要

以下の企業H社を想定したDXジャーニーマップです。

売上規模：3億円

従業員数：20人

事業内容：Web系システムやホームページなどの受託開発。

IT企業H社のDXジャーニーマップ

KGI	人時生産性／売上／残業時								
プロセス	名簿管理	集客	顧客育成	営業	受注	開発・構築	パートナー管理	請求	カスタマーサクセス
KPI	-	アクセス数 コンバージョン率 セミナー開催数	潜在顧客数 開封率 開封数 クリック率	商談率 商談数 成約率 平均単価 新規売上	-	所定労働時間 残業時間	初期費仕入費	-	継続率
デジタルツール	名刺管理	Webサイト サイト解析ツール SNS ウェビナー	MA	SFA Web会議	電子契約	プロジェクト管理 ソースコード管理 ビジネスチャット 工数管理		請求書管理	MA サイト解析ツール
顧客体験・従業員体験	ホームページにアクセスするとプランや予算感がすぐにわかったり、SNSで会社の雰囲気を知ることができる。	現状の悩みに対し適切な情報が届く。	実際に利用している声が動画でわかる。	契約処理はオンラインで完結できる。	-	-	-		動画でわかりやすく説明を受けることができる。

112

ビジネスモデル

BtoB型のビジネスモデルです。顧客との名刺交換を起点とし、セミナーやメールマガジンなどを使った顧客育成を経て営業につながります。案件対応を行った後に、請求処理や会計処理を行い、一連の流れが完了となります。

向上すべきKPI

このケースでは、案件1つひとつの効率化や労働時間の削減よりも、売上を伸ばすことが必要になりました。そのため、確実な受注が取れるような営業部門の強化につなげることを目的とし、集客から営業段階におけるKPIを特に重視することにしました。

	定期フォロー	保守・運用契約の更新	会計処理	業績管理	情報共有基盤	人事労務管理	従業員教育
	期費/仕入費		顧客数 平均単価 既存売上	総売上 粗利 原価	-	総労働時間	-
	SFA		会計ソフト	BI	グループウェア	勤怠管理	教育ツール
	SNS				Web会議	給与計算	

ニーズに合った最新の情報が送られてくる。	活用、定着化状況の相談に乗ってもらえる。	-	-	-	-	-

1．集客の最大化

KPI＝WEBサイトからの問合せ数、セミナー参加者数

2．見込み客の育成

KPI＝潜在顧客数、開封率

3．商談の確度の向上

KPI＝受注率、成約率

DX前のシステム

このケースでは、顧客情報や営業情報の管理については、クラウド型の営業管理システムで一元管理できており、マーケティングからバックオフィスまで一連のシステムが揃っていました。

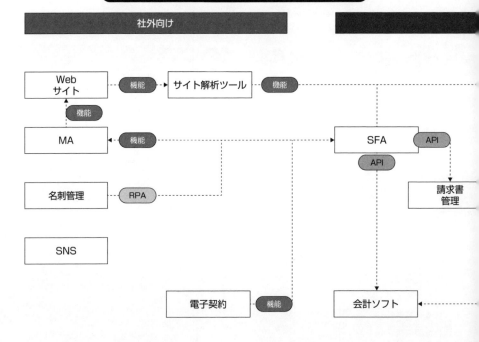

IT企業H社のシステム連携図（理想イメージ）

解決すべき課題

システムは一通りそろっているのですが、以下の課題がありました。

①システム間の連携ができておらず、人によるデータの転記作業が必要
②経営情報の見える化をするためには、複数のシステムから情報を集める必要がある
③営業管理システムとMA（マーケティングオートメーション）ツールとの連携ができておらず、顧客情報の連携が煩雑

理想像の検討

上記の課題に対して、以下の理想像を作りました。

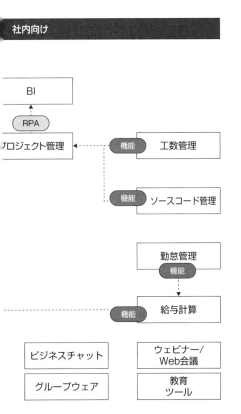

①APIによる連携、もしくはRPAによる転記の自動化
②各システムから情報を参照させ、BIで見える化
③営業管理システムとMAの連携

DXジャーニーマップ事例⑨
OA機器商社

会社概要

以下の企業 I 社を想定したDXジャーニーマップです。

売上規模：7億円

従業員数：20人

事業内容：事務機器の販売、事務機器の修理

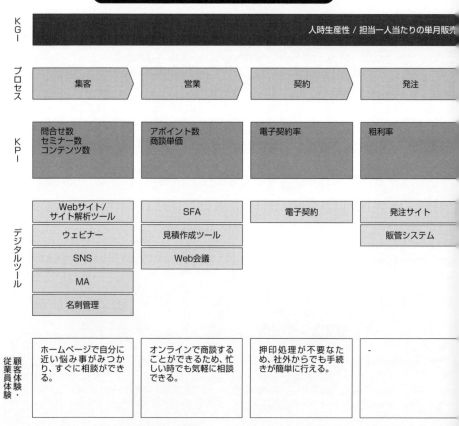

OA機器商社 I 社のDXジャーニーマップ

KGI			人時生産性 / 担当一人当たりの単月販売	
プロセス	集客	営業	契約	発注
KPI	問合せ数 セミナー数 コンテンツ数	アポイント数 商談単価	電子契約率	粗利率
デジタルツール	Webサイト/ サイト解析ツール ウェビナー SNS MA 名刺管理	SFA 見積作成ツール Web会議	電子契約	発注サイト 販管システム
顧客体験・従業員体験	ホームページで自分に近い悩み事がみつかり、すぐに相談ができる。	オンラインで商談することができるため、忙しい時でも気軽に相談できる。	押印処理が不要なため、社外からでも手続きが簡単に行える。	-

ビジネスモデル

　BtoB型のビジネスモデルです。新規顧客の獲得を行いつつ、既存顧客へのルート営業を行っています。また、事務機器の販売後、修理や点検などのサービスを行っています。

向上すべきKPI

　このケースでは、新規顧客の獲得も必要ですが、既存顧客をいかにしっかり押さえるかや、サービスからの離脱を防ぐかがポイントとなります。また、確実に利益を生み出すための粗利率の設定が必要です。そのため、営業およびカスタマーサポートにおける指標が重要になります。

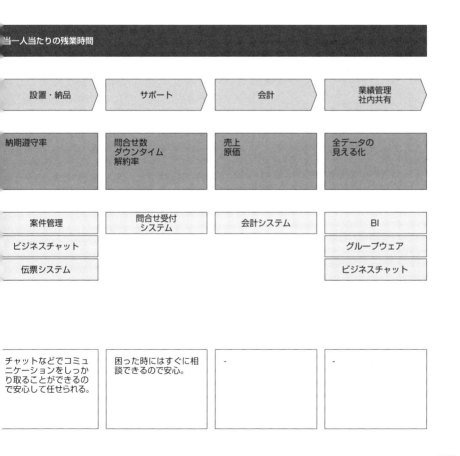

当一人当たりの残業時間

設置・納品	サポート	会計	業績管理 社内共有
納期遵守率	問合せ数 ダウンタイム 解約率	売上 原価	全データの 見える化
案件管理	問合せ受付 システム	会計システム	BI
ビジネスチャット			グループウェア
伝票システム			ビジネスチャット
チャットなどでコミュニケーションをしっかり取ることができるので安心して任せられる。	困った時にはすぐに相談できるので安心。	-	-

1．顧客との接触頻度の向上

　　KPI＝アポイント数、商談数

2．適正な利益を得るための金額設定

　　KPI＝粗利率

3．サービスからの離脱を防ぐ

　　KPI＝問合せ数、ダウンタイム、解約率

DX前のシステム

　このケースでは、営業管理システムは導入されていましたが、商談化した後にデータを入力する業務プロセスになっており、営業担当者が名刺交換のみ行った見込客の管理はできていませんでした。また、その後の顧客連絡で

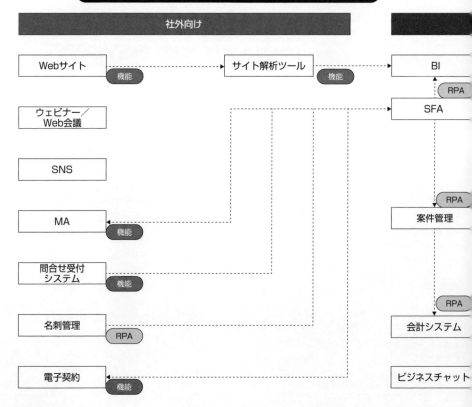

ＯＡ機器商社Ｉ社のシステム連携図（理想イメージ）

はバックオフィス部門が定期的にメール配信をしていましたが、送信には人の作業が必要でした。

解決すべき課題

営業情報の管理など、以下の課題がありました。

①見込客となる名刺管理について営業担当が抱えてしまっている
②メール配信が人の手によって行われており煩雑になっている
③上記の情報を1つひとつ手作業で営業管理システムに入力する必要がある

理想像の検討

上記の課題に対して、以下の理想像を作りました。

社内向け

RPA → 見積作成ツール

販売管理システム ┄┄→ 発注サイト
　　　　　　　　RPA
RPA
伝票システム

グループウェア

①名刺管理サービスの導入。社員の持つ名刺情報を一元管理する仕組みを作る
②MAにより対象顧客へのメールを自動配信
③上記について、営業管理システムと連携。転記作業を排除する

会社概要

以下の企業Ｊ社を想定したDXジャーニーマップです。

売上規模：12億円

従業員数：15人

事業内容：有料職業紹介業

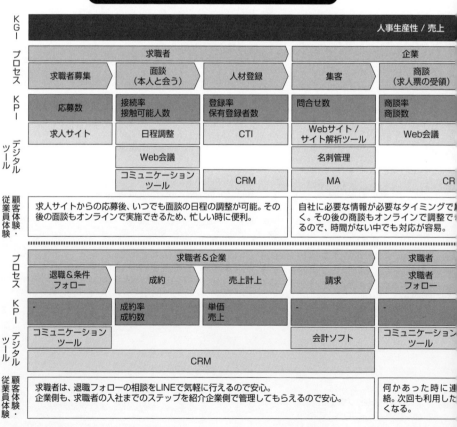

人材紹介会社Ｊ社のＤＸジャーニーマップ

KGI					人事生産性／売上
プロセス	求職者			企業	
	求職者募集	面談（本人と会う）	人材登録	集客	商談（求人票の受領）
KPI	応募数	接続率 接触可能人数	登録率 保有登録者数	問合せ数	商談率 商談数
デジタルツール	求人サイト	日程調整	CTI	Webサイト／サイト解析ツール	Web会議
		Web会議		名刺管理	
		コミュニケーションツール	CRM	MA	CR
顧客体験・従業員体験	求人サイトからの応募後、いつでも面談の日程の調整が可能。その後の面談もオンラインで実施できるため、忙しい時に便利。			自社に必要な情報が必要なタイミングで〔…〕く。その後の商談もオンラインで調整で〔…〕るので、時間がない中でも対応が容易。	

プロセス	求職者＆企業				求職者
	退職＆条件フォロー	成約	売上計上	請求	求職者フォロー
KPI	-	成約率 成約数	単価 売上	-	-
デジタルツール	コミュニケーションツール			会計ソフト	コミュニケーションツール
	CRM				
顧客体験・従業員体験	求職者は、退職フォローの相談をLINEで気軽に行えるので安心。企業側も、求職者の入社までのステップを紹介企業側で管理してもらえるので安心。				何かあった時に連絡。次回も利用したくなる。

ビジネスモデル

　人材紹介業においては、求人企業と求職者の双方の獲得が必要です。その際に、企業側担当者と求職者側担当者を分業するパターンもあれば、兼務するパターンもあり、J社では分業体制をとっています。

向上すべきKPI

　人材紹介会社の収益を伸ばすには、BtoB型の営業とともに、BtoCのようなWeb集客が求められ、企業と求職者双方の数の最大化が必要です。そして、その2つのマッチング率を高めることが求められます。

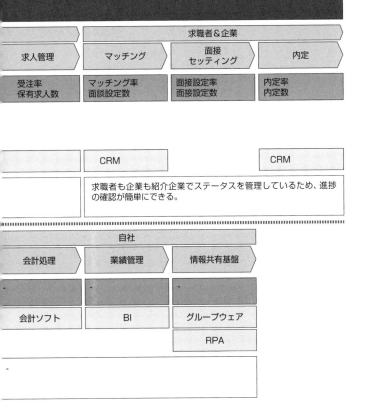

1. 保有求人数の最大化

    KPI＝問合せ数、商談率、商談数、受注率

2. 保有登録者数の最大化

    KPI＝応募数、接続率、接触可能人数、登録率

3. 成約率の最大化

    KPI＝マッチング率、内定数

DX前のシステム

　このケースでは、Excelや紙などアナログな形で企業の求人情報の管理が行われていました。また、求職者とのやり取りもメールで行い、日程調整などコミュニケーションが多く必要な業務において、対応が遅れがちになって

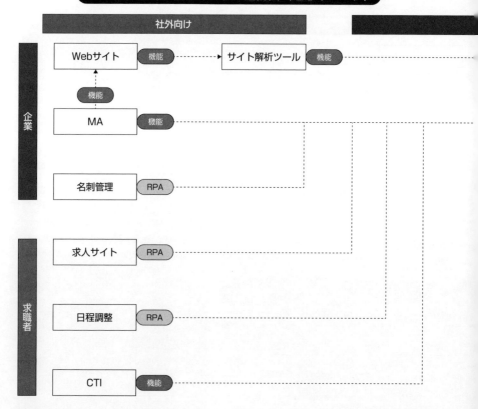

人材紹介会社J社のシステム連携図（理想イメージ）

いました。

解決すべき課題

DXで解決すべき大きな課題は、以下のとおりです。

① 求人情報がExcelや紙で管理されているため、必要な情報をすぐに見つけることができない。また、求人に対してどんな求職者を紹介したかなどの情報管理が、担当者ごとにバラバラになっている
② 日程調整など付加価値を生み出さない業務に追われており、本来注力すべき業務に集中していない

理想像の検討

上記の課題に対して、以下の理想像を作りました。

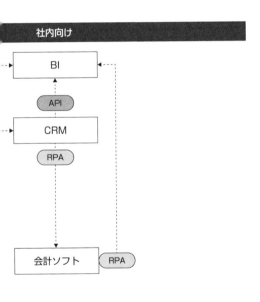

① クラウド型の業務アプリ開発サービスを活用して、アナログ管理していた求人情報をデータベース化。また、活動履歴を残す仕組みを作り、チームで共有できる仕組みを構築する
② カレンダーアプリと自動連携できる日程調整ツールを使い、求職者側から入力できるようにすることで、調整の手間を削減。また、求職者がWeb上でいつでも日程変更ができるため、求職者側にもメリットがある

DXジャーニーマップ事例⑪
不動産業

会社概要

以下の企業K社を想定したDXジャーニーマップです。

売上規模：8.5億円

従業員数：7人

事業内容：不動産売買の仲介など

不動産業K社のDXジャーニーマップ（主活動：不動産事業部）

	集客	商談	契約	受注処理	請求管理	会計
KGI					売上アップ / 業務の効率化	
プロセス	集客	商談	契約	受注処理	請求管理	会計
KPI	セッション数 問合せ数 問合せ率	反響数 内覧数・内覧率 架電数・架電率	-	-	-	-
デジタルツール	ポータルサイト Webサイト/サイト解析ツール Web広告 SNS	基幹システム 電子契約			請求書管理	会計ソフト
顧客体験・従業員体験	ホームページを見ると具体的な事例が載っており、何を相談すればいいかわかりやすい。	違う人が対応した時にも、過去の相談内容を加味して対応してくれるので安心。	手続きが電子契約で済むので、郵送の処理などが不要。手軽にメールで回答できる。	-	-	-

ビジネスモデル

　BtoC型のビジネスモデルです。不動産の売却者と購入者を仲介する業務を行っており、顧客情報や物件情報などの様々な情報管理が必要になります。

向上すべきKPI

　このケースにおいては、売却者と購入者の両方を最大化するためにもまずはWeb集客の効果を上げることを目指しました。そして、生産性を高めるためにも労働時間の削減も指標として定めました。

客の強化				
入金管理	引き渡し	業績管理	勤怠管理	人事労務管理
	-	売上 粗利 原価	労働時間	-
基幹システム		BI	勤怠管理	従業員管理
	スケジュール管理			給与管理
	Web会議システムを使って、リモートでできるので、時間を気にせずに行える。	-	-	-

1．集客の最大化

　　KPI＝セッション数、問合せ数、問合せ率

2．労働時間の削減

　　KPI＝労働時間

DX前のシステム

　このケースでは、特にシステムが導入されておらず、紙やExcelで情報が管理されていました。そのため、顧客とのやり取りの情報が担当者の頭の中にあったり、必要な情報をすぐに見つけることができなかったり様々な課題が発生していました。そのため、まずは情報の一元管理を行ったうえで、情報の見える化を目指し、以下について検討しました。

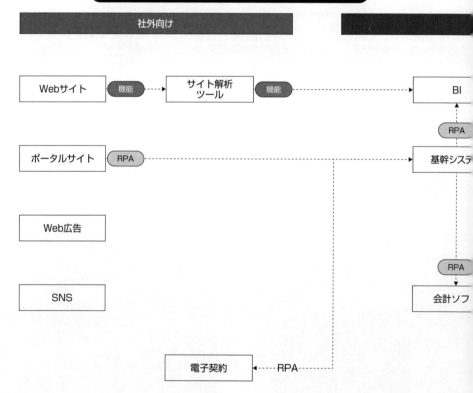

不動産業K社のシステム連携図（理想イメージ）

解決すべき課題

DXで解決すべき大きな課題は、以下のとおりです。

①情報を蓄積するための仕組みがなく、情報の管理が属人化していた。
②情報を分析するにはExcelなどで集計・加工する必要があり、必要な情報
　がすぐに把握できなかった。

理想像の検討

上記の課題に対して、以下の理想像を作りました。

①顧客情報や案件情報の管理について、クラウド型の情報共有ツールを利用
して、データを蓄積できる仕組
みを構築

②各種情報をBIに参照させ、業
績を可視化するための仕組みを
作る

社内向け

API

RPA

従業員管理

勤怠管理

機能

請求書管理

給与管理

機能

スケジュール
管理

DXジャーニーマップ事例⑫
産業廃棄物処理業

会社概要

以下の企業L社を想定したDXジャーニーマップです。

売上規模：75億円

従業員数：120人

事業内容：鉄・産業廃棄物中間処理業

産業廃棄物処理業L社のDXジャーニーマップ（主活動）

	見込客発掘	新規開拓営業	追客＆メンテナンス営業	回収（処理）依頼	事務員と工場長、営業マン間の連絡	現品確認
KGI	システム全体の見える化 / 顧客体験の向上					
KPI	問合せ数/訪問数/有効商談数/見積数/受注件数/受注粗利額/新規見込客グレード別数/グレード別訪問数/リード数/開封率				依頼電話件数	-
デジタルツール	SFA					コミュニケーションツール	Web会議
	Webサイト/サイト解析ツール	Web会議	MA	問合せフォーム		
	名刺管理					
顧客体験・従業員体験	処理内容や処理できる場所がすぐにわかる。	遠方の顧客も、即座にウェブ上で相談ができる。	専門的な知識が必要なことについて相談できる。	24時間好きな時に連絡することができる。	-	訪問を待つ必要がなく、対応スピードが速い

	マニフェスト準備	回収	持込	検収	処理	マニフェスト処理
プロセス KPI	-	円/H(単価・原価)円/km(単価・原価)円/kg(単価・原価)	-		㎥/h(㎥・t/円 工場原価)/月末未処理在庫額/外注処理費率/同管理型比率	
デジタルツール	基幹システム	ドライブレコーダー	基幹システム			マニフェスト管理
	マニフェスト管理	コミュニケーションツール				
顧客体験・従業員体験	-	作業を効率的に行ってもらえる。	待たずにおろすことができる。	-	-	保管の手間がける。

ビジネスモデル

BtoB型のビジネスモデルです。排出事業者からの依頼や持込み、または、収集事業者の持込みにより廃棄物の収集を行います。工場で処理を行った後に、最終処分業者や販売先へ出荷を行います。主な集客はWebサイトやWeb広告からの誘導となります。

いかに多くの廃棄物を集めるか、また、いかに運搬効率を上げるかがポイントとなります。

向上すべきKPI

売上の向上や原価の削減を目指すためには、営業段階で確実に受注するた

持生産性の向上			
見積作成	契約書締結	配車手配	コンテナ管理
-	-	-	総コンテナ日数
	電子契約	スケジュール管理	

-	面倒な押印処理がなくなる。	-	-
請求	会計処理	人事労務管理	業績管理
-	-	-	-
	会計システム	勤怠管理	BI
		給与計算	
		ドライブレコーダー	
-	-	-	データに基づくマネジメントができる。

めの仕組み化が必要になります。また、運搬を行うドライバーが大量かつ効率的に廃棄物を回収できるようにすることが必要です。

1．受注数の最大化
  KPI＝受注件数、受注率、見積り数、有効商談数、見積り提出率（A、B、Cのように顧客ランク分けし、ランクが高いところを優先対応）
2．廃棄物の回収量の最大化
  KPI＝1社当たりの扱い量、粗利額、回収量
3．運搬業務の効率化
  KPI＝収集運搬原価

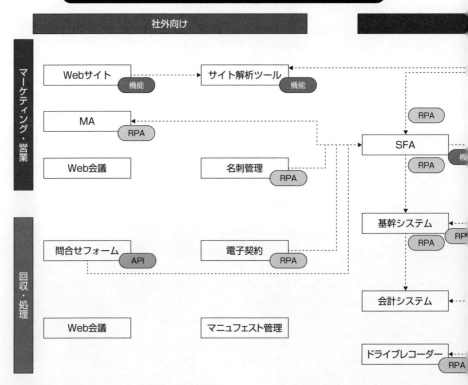

産業廃棄物処理業L社のシステム連携図（理想イメージ）

DX前のシステム

　このケースでは、業界に特化した基幹システムが導入されており、回収依頼の受付や計量結果の管理、各種伝票の発行など、基本となる業務についてはデータの一元管理ができていました。しかし、営業管理などは別のシステムで行っているなど、他のシステムとの連携が不足していました。

解決すべき課題

　DXで解決すべき大きな課題は、以下のとおりです。

①営業管理システムと基幹システムが分かれており、顧客情報等の転記作業が必要
②業績管理をするための集計表を作るにあたって、各種システムから情報を集めてExcelで加工しており、すぐに見ることができなかった

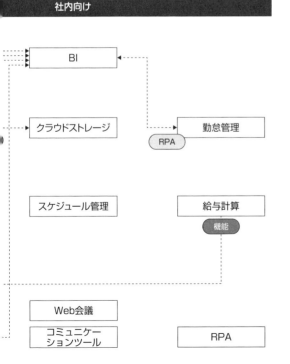

131

理想像の検討

上記の課題に対して、以下の理想像を作りました。

①システムのあいだをつなぐ仕組みをRPAにて検討。情報が自動転記されるようにすることで、入力不可の軽減とミスの削減につなげる
②システムからのCSVデータの出力をRPAにより自動化。また、BIで情報を見える化して、業績管理のリアルタイム化を目指す

第**5**章

RPA×BIで実現する
「リアルタイム経営システム」

5-1 RPAとは

　DXや業務効率化・人時生産性向上が注目されると同時に「RPA」の認知度も高まってきました。現在、企業規模問わず多くの会社に導入されていますが、具体的に自社や自身の業務にどのように活用できるか悩まれている方も多いと思います。

　ここからはRPAの活用方法や、きちんと成果を出すために必要不可欠な正しい導入方法について説明します。

RPAとはホワイトワーカーのためのロボット

　RPA（Robotic Process Automation）とは、言葉どおり「**ロボットによる業務の自動化**」です。コンピュータ上の操作を記録することで人間が行うような作業を自動で実行することができるソフトウェアで、RPAを活用することでホワイトワーカーがPCで行っている定型業務やルーティンワーク業務を人間に代わり自動実行することができます。

　かつてブルーワーカーが行っていた業務を産業ロボットが代替し、生産性が飛躍的に向上したように、**RPAを活用することでホワイトワーカーの生産性を飛躍的に向上させる**ことができます。

RPAが多くの会社に導入される3つの大きな理由

　多くの会社でRPAが導入される理由として、以下が挙げられます。

①ノンプログラミング

　RPAはプログラミングをすることなくシステムを構築することができます。そのため、新規業務の自動化が容易で、既存業務の変更があった場合でも柔軟に対応することができます。

②適応業務の幅

　ブラウザやインストール型のシステムなど、PC上の操作であればシステムを跨いだ操作が可能なため、多様な業務の自動化を行うことができます。

③稼働タイミング

　RPAは24時間365日稼働させることが可能です。そのため、人が行う場合の何倍もの業務量をこなすことが可能になります。

RPAの種類と特徴（サーバー型・デスクトップ型・クラウド型）

　RPAには自社サーバーにインストールする「サーバー型」、PCにインストールする「デスクトップ型」、クラウド上のRPAをWeb経由で使用する「クラウド型」があります。

①サーバー型RPA

　サーバー型RPAは自社のサーバーにRPAをインストールしロボットを設置することで、サーバーに接続しているシステムを自動で操作することができます。

　サーバー内で稼働するため、あらゆるシステムを横断的に操作することができ、また大量のデータを一度に処理することができるというメリットがありますが、他のRPAと比較して初期費用が高額になるため、慎重に予算計画を考える必要があります。

②デスクトップ型RPA

　日本では最も多く導入されているタイプのRPAで、PC1台に対しRPAを1台インストールすることで、そのPC内の作業を自動化することができます。

　PC単位で導入ができるためスモールスタートしやすく、また担当者レベルでロボットRPAを管理・作成することができますが、それゆえに管理が属人的になる傾向があるため、そこは気を付けて導入計画を考える必要があります。

③クラウド型RPA

　クラウド型RPAを提供する会社のサーバーにWebブラウザ経由でアクセスすることで、ブラウザ上の業務を自動化することができる最後発のRPAです。サーバーの構築やPCへのインストールが不要であり、またRPAがアップデートされることで常時最新版を使用することができますが、自動化の業務対象範囲がブラウザ内に制限されるため、対象業務の選定が必要になります。

5-2 RPAの可能性と落とし穴

RPAの得意分野、不得意分野

　数多の業務を自動化し、個人・組織単位で人時生産性を上げることができるRPAですが、**人間が行っているすべての業務をロボットに置き換えることができるわけではありません**。どのような業務を自動化できるのか、また導入後どのように効果が現れるのかをよくお聞きする誤解を踏まえた上で紹介します。

得意分野
- 社内外システムのデータ連携
- リスト作成や集計等の定型業務
- 複数のシステムからのデータ集約

　手順が決まっている業務やルーティンワーク業務など、一定のルールのもとで行う業務はRPAで自動化できる部分が多いです。

不得意分野
- 急な仕様変更などイレギュラーが多く発生する業務
- 人間の判断が必要になる業務
- 紙媒体や手書き文字・画像から判断する業務

　非定型業務や都度判断が求められる業務は、RPAでの自動化が困難になります。しかし、OCRやAIを併用することで自動化の余地はあります。

RPA導入に対する3つの誤解

　RPAでロボットを作成するとすぐに効果は出るのでしょうか？　RPA導入でよくお聞きする誤解と実情を紹介します。

①RPAを導入すれば、すぐに業務を自動化できる

　RPAはメーカーや代理店がその業務に合ったロボットを提供していない限り、業務内容をロボットに記録させる必要があります。そのためRPA導入後、効果が出るまでは、ロボット構築時間分のタイムラグが発生します。

　また、ノンプログラミングで業務を自動化できることがRPAのいちばんの特徴ですが、RPAの操作を理解するためには一定のITリテラシーが求められます。次項で詳細をお伝えしますが、RPA導入にはRPA人材の育成が必要であるため、導入後の展開を見据えて人材教育の計画を立てましょう。

②ロボットが構築できれば、その後はひとりでにうまく回る

　Webサイトや使用しているシステムやエクセルの改修が行われた場合、その都度ロボットも変更する必要があります。そのため、ロボット構築後も定期的にメンテナンスを行う必要があります。

③ロボットの構築体制が整えば、すぐに効果を実感できる

　自動化できる業務を社内で見つけるためには、実際に業務を行っている現場担当者がRPAでどのようなことを行えるのかを把握している必要があります。そのため、RPAのロボット構築体制の整備と併せて、社内でのRPAの啓蒙活動を実施しましょう。

RPAのよくある誤解と実際

よくある誤解

よくある誤解	実際は……
RPAですぐに業務を自動化できる?	ロボットを構築する時間が必要です。RPA人材の育成を踏まえ、事前に計画を立てましょう。
ロボットができれば、メンテナンス不要?	Webやシステムの仕様変更の度に、ロボットの改修が必要です。定期的にメンテナンスしましょう。
ロボットの構築体制ができればすぐに効果を実感できる?	自動化すべき業務を見つけるために現場の意見を吸い上げる必要があります。啓蒙活動を行い、RPAの認知度を高めましょう。

5-3 RPA活用の秘訣

RPAの投資対効果を最大化するために、単にツールを購入するだけでなく、最大限活用するための事前計画を立てることをお勧めしています。社内での展開方法も踏まえて、どのように導入をすべきか見ていきましょう。

RPAで人時生産性を上げるポイント

RPAで成果を出すためには、**個人単位で導入するのではなく組織的に導入に取り組む必要があります**。ここではRPAを組織的に導入し、成果を出すための3つのポイントを説明します。

POINT①：現場担当者にこそRPAの知識をつけてもらう

システムの導入を行う際、上層部には詳細な説明を行うものの、現場担当者レベルには簡単な説明・サポートしかされないということが多々あります。

しかし、RPAで自動化すべき定型業務やルーティンワークは現場担当者のほうが多く行っている傾向があります。そのため、RPAを導入する際には、「RPAでどのような業務を自動化できるのか」を現場担当者の方々にも理解してもらうための社内研修の実施をお勧めしています。小規模な展開で完結させるのではなく、全社的な展開を前提に導入を考えましょう。

POINT②：自動化した際の費用対効果を明確化する

既存業務の自動化のために導入されやすいRPAですが、導入前後の業務削減度合いを計測しなければ、投資対効果を明確化することが困難になります。**導入前にどの程度工数をかけているのか、また自動化した場合どの程度削減することができるのかを明確化し、優先順位を付けてRPAを構築していくようにしましょう。**

また、ロボットによる業務自動化を行うことで、今まで低頻度（週1回・月1回）でしか実施できていなかった業務が、高頻度（1日1回）で実施でき

るようになります。人手が足りないゆえに、低頻度になっていた業務はないか、また高頻度で実施した場合、業績や顧客満足度にはどのような効果が出るのかを明確にし、自動化すべき業務を整理しましょう。

POINT③：RPA人材の育成

　ノンプログラミングで業務を自動化できるのがRPAの特徴ですが、それでも一定のITリテラシーがなければRPAの構築は困難です。しかし、自動化したい業務が決まる度にRPAの構築を外注していては、投資対効果が悪くなってしまうため、内製化できる仕組み作りを行う必要があります。

　そのために、①導入を検討しているRPAツールの操作難易度は自社に合っているか、②RPAメーカー・代理店のサポート体制は導入先の人材育成までフォローしてくれるほど充実したものか、の２点を事前に確認しましょう。

RPA導入を成功に導くための３STEP

　RPAを社内で展開する際は、先述の３つのポイントを踏まえた上で、下図のように展開をしていきましょう。

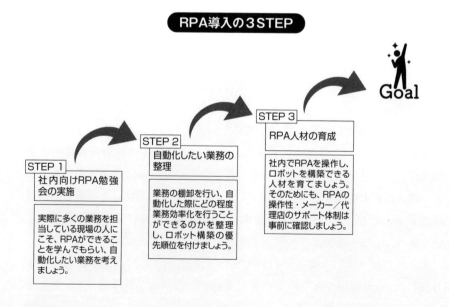

RPA導入の３STEP

STEP 1
社内向けRPA勉強会の実施

実際に多くの業務を担当している現場の人にこそ、RPAができることを学んでもらい、自動化したい業務を考えましょう。

STEP 2
自動化したい業務の整理

業務の棚卸を行い、自動化した際にどの程度業務効率化を行うことができるのかを整理し、ロボット構築の優先順位を付けましょう。

STEP 3
RPA人材の育成

社内でRPAを操作し、ロボットを構築できる人材を育てましょう。そのためにも、RPAの操作性・メーカー／代理店のサポート体制は事前に確認しましょう。

Goal

5-4 | BIとは

　もしあなたの会社にデータが蓄積されていて、それを活用して業績を伸ばしたい、と考えているなら、BIほど良いツールはないかもしれません。

データを見やすくし、意思決定を支援するツール

　BI（Business Intelligence）とは、2006年以降のモバイル対応をきっかけに、急激に使われ始めた**データの可視化ツール**です。BIを活用することで、データを元により良い意思決定を行うことができるようになります（有名なツールでは、マイクロソフトのPower BI、GoogleのGoogleデータポータルなどがあります）。

　具体的な活用法としては、以下のようなものが考えられます。

- 利益を増大させる方法の特定
- 顧客行動分析による来店施策の評価
- 競合店とのデータ比較による市場把握
- 広告パフォーマンスの評価
- 来店客数、業績の予測
- 異常値検出による問題や課題の発見　など

　上記のように、**各種の分析データを元に業績を伸ばすための意思決定を行う**ことができるようになります。BIの仕組みそのものは非常に単純で、経営活動で出てくる様々なデータを蓄積、分析工程を経て、BIのデータとして見やすいように可視化します（次ページ図）。

　注意点としては、BIそのものにデータ蓄積の機能はなく、データウェアハウスなど蓄積できる仕組みが必要であること、そして、そもそも取れないデータは分析・見える化できないので、まずは今取れるデータをベースに活用を考える必要があります。

BI活用の手順と注意点

活用の前に、まず①取れるデータの洗い出し、②BIを使って分析を行う人材の確保、③データを蓄積するツールを用意する、ことから始めるとよいでしょう。

また、よくあることですが、せっかく用意した人材が目的を持たずにデータを触り、時間だけが過ぎていく、分析麻痺症候群（数値化することや分析することが目的になり、現場の声をまったく無視した方向性を示したり、使い道のない分析結果を生んでしまったりすること）に陥らないよう注意することです。つまり、目的をしっかり定めておく必要があります。

これらの注意点を押さえた上で、実際に活用する際には、BIの機能について正しく理解し、分析にあたるマインドや進め方のノウハウを持つことが重要です。

BIのデータ連携の例

経営データ　　　　データベース化　　　　ビジュアライズ

売上データ
顧客データ　RPA
RPA
Google
アナリティクス　自動
自動
Google広告
その他データ

統合データベース

※Googleデータポータルを利用する場合

5-5 BIの特徴的な３つの機能と BIにできないこと

BIに特徴的な３つの機能

　効率的にBIを活用し、業績を伸ばすためには、BIでできることとできないことを知る必要があります。BIでできることは様々ありますが、よく対比されるエクセルやスプレッドシートとの相違点を見ると、BIが優位な特徴が見えてきます。それは以下の３つです。

　　1．多様なデータ連携（API）機能
　　2．豊富で非常に簡単なビジュアライズ機能
　　3．データセグメント機能の優秀さ

特徴的な機能①API連携

　BIの特徴の第一は、多様なデータとAPI連携が可能だということです。エクセルやスプレッドシートで分析を行う場合には、データを貼り付け、他のエクセルから参照するなどの操作が必要ですが、BIにはそもそもAPIで連携できる機能があるので、基本的にデータ参照の設計や更新の手間がかかりません。分析を行うにあたっては、データが常に最新であることと、分析に入るための敷居が低い、というのは非常に大きなメリットになります。

特徴的な機能②ビジュアライズ機能

　次に、豊富で簡単なビジュアライズ機能です。触ったことのない方はぜひ一度触れてみてください。まるでパワーポイントのような自由度の高さでデータ分析を行うことができます。好みもありますが、データ設計の知識があれば、ある程度、誰でも必要なデータを分析できるよう設計されています。

特徴的な機能③データセグメント機能

　最後に、データセグメント機能です。これは非常に優秀な機能で、エクセル、スプレッドシートでいうフィルタ機能を非常に自由に設定し、ビジュアルベースにかつ、実用的に使うことができます（BIビジュアルで気になった部分をクリックするだけで、他のデータが自動連携し、そのデータのみの画面に変化します）。重ね合わせも自由なため、エクセル・スプレッドシート管理に慣れている人ほど感動するでしょう。

BIにできないこと

　BIにできないことの代表格は**相関性分析や回帰分析**などです。ビジネスシーンでよく使われる相関性分析や回帰分析などの分析は、エクセルやスプレッドシートのほうが向いています。

　BIでは合計・平均を出したり、足し合わせてあらたな数字を作ったりなど基本的な分析はできますが、統計処理や込み入った分析はできないケースがあります。この場合、GoogleビッグクエリやMySQLといったツールを使うことができれば解決できますが、専門的なためコストを要します。

　長所の裏返しですが、BIは更新頻度の高いデータの分析には長けている一方、中長期方針を決めるようなより深い分析の場合はエクセルのほうが使いやすいでしょう。

　もちろん、エクセル、スプレッドシートにも、意思決定に必要な基本的なデータ分析を行うことは可能です。しかし、それをBIにすることで、よりリアルタイムに様々なデータを一気通貫かつ直感的に判断できるビジュアルが簡単にできます。これは、他にはない機能です。

5-6 | BI活用の秘訣

　私たち船井総研はこれまで様々な企業のBI構築をしてきました。その中で、分析麻痺症候群にならずに、実践的に役立つデータ分析のできるBI構築には、導入支援企業（以下、分析者）として押さえておくべき３つのポイントがあることがわかってきました。

1．分析の目的を持つ
2．データをヒアリング前にもらってよく見ておく（それを元に分析者側から具体的な提案をする）
3．使いたいデータを疑う

BI作成の際、いきなりデータを触らない

　まず、お伝えしたいことは、いきなりデータを触らないことです。多くのデータ分析の書籍にも書かれていることではありますが、分析には時間がかかります。そのため、**分析に入る前にこの分析の目的は何なのかをハッキリ**させておくべきです。

　なぜなら、とりあえずやってみることのコスト（リスク）のほうが高いからです（ここでいうコストとは、分析者と依頼者の時間です）。目的を決めずにデータ分析を行うとき、分析者は自分で勝手に目的を推測してデータを分析します。あるいは、何も考えずに言われたとおりのものを作ろうとします。これをやってしまうと、たいてい「見たいものと違う」と一蹴されて作り直すか、どこかで見たデータと同じ結果になる可能性が高いです。こうなると双方の時間が取られるだけで、効率的ではありません。そうならないために、最も重要なのが何を解消・最適化したいのか、分析の目的を明確にすることなのです。

　いかにデータ分析者が分析手法に長けていても、データを見て行動を起こす人にとって価値のあるものでなければ、業績は変えられません。あくまで

データは意思決定を助けるものであり、しっかり目的を把握して見る人の行動を変える分析ができることが肝要です。

要望を聞く前にデータを見ることで分析者から提案できる

次におすすめするのは、分析者が依頼者の要望を聞く前にデータを"見る"ことです。この"見る"目的はヒアリングの際に、分析者側からKPIなどを提案できる状態になっておくことを指します。分析者側から見たデータ分析の手順は、

1．ヒアリングする（目的設計）
2．分析方針を考える（分析の仕方・仕組みを考える）
3．データを収集する
4．分析する
5．レビューしてもらう

というものですが、中小企業のデータ活用時のおすすめは分析者が事前に3のデータをもらっておき、1のヒアリング時に依頼者に提案することです。なぜなら、中小企業の持っているデータはそれほど膨大ではないのと、ただ要望だけ聞くのではその人の頭にある内容しか反映されないからです。

ヒアリング内容に基づいた分析をしてBIを構築しても、期待以上の成果になることはありません。業績アップが目的であれば、データ分析者のノウハウ・知見も入れるべきです。先にデータを見て、ヒアリング時には取れるデータを元に分析者側から依頼者へ提案し、目的に沿うかどうか確認します。その後、着手してレビューしてもらうと、目的にも合致し、業績アップの確率が上がります。

データは常に疑うことから始める

最も重要なことは、今あるデータを疑うことです。データの中には重要だけど信じてはいけないデータというものが存在します。これは場合によってはデータを分析する人、見る人、全員を混乱させ、意思決定を鈍らせます。例えば、アンケートデータ（転記ミス、回答違いの可能性）や社員の手入力

データ（数字の見間違え）などには要注意です。

　最も避けなければならないのは目的を確定させ、分析方針や仕組みを整え、データ分析をしてレビュー、完成となったあと、それを元に意思決定を行ったにもかかわらず、**実は元データが間違っていた、という事態になってしまうこと**です。間違った意思決定の結果、業績が下がってしまうかもしれません。

　そのため、データ分析者はデータをもらい、目的に沿った指標（データ項目）を見つけたら、まずその数字を疑いましょう。システムに入っている数字だから大丈夫、とタカを括らず、事前にデータ確認先を明確にし、確認の時間を用意してもらうべきです。

　またBIの場合は後で修正は効きますが、できれば最低限使う予定の項目数字はヒアリングの際に聞いてしまいましょう。例えば、よくあるケースとして売上金額や日付が複数入っている場合があります（計上時の数字、販売時の数字など）。その場合は、どのデータが目的に沿うのかを確認し、分析すべきです。

データはあくまで意思決定のツール

　あるデータをただ分析するだけでは多くの価値は生まれません。目標の数値との比較や昨年実績との比較など、依頼者の行動を変えるきっかけになるデータを見せる（もしくは見られるように構築する）ことではじめて業績アップに貢献できるデータ分析になります。

　そのため、ここでお伝えした目的の確定、データ分析の提案、データを疑う、少なくともこの3つは意識してBI構築に臨むと、良い結果につながりやすいでしょう。

RPA×BIで構築する リアルタイム経営システム

VUCAの（不確実性の高い）時代では、市場の変化を機敏に捉え、迅速な経営判断を行うことが企業に求められます。そのために、業績や経営指標をいつでもひと目で把握することができる「リアルタイム経営」を実現する必要があります。ここでは、「リアルタイム経営」に必要なダッシュボードの構築方法を、これまでに説明した「RPA」「BI」の活用を踏まえて紹介します。

リアルタイム経営とは

リアルタイム経営とは、**経営者や管理者、現場担当者の各々が得たい情報をいつでも最新の状態で確認し、経営に活用することができる環境**のことを表しています。

リアルタイム経営の環境が構築されると、経営者は全社的な経営状況がひと目でわかるようになるため、迅速かつ的確な経営判断ができるようになり、管理者は担当している事業や部門のKPIに対する最新情報を元に予実管理ができるようになり、現場担当者は顧客や取引先の最新の状況や他社員の情報を把握して業務を行うことができるようになります。

リアルタイム経営の重要ポイント

リアルタイム経営の環境を構築していくためには、データを収集し一元化するためのRPA活用、データを加工し情報整理・分析を行うためのBI活用をする必要があります。

①RPAによるデーター元化〜レポーティング〜

最初に分散しているデータを収集し一元化する必要があります。そのためには、各システム間の連携を行い情報の移動を行うことが求められますが、すべてのシステムをシームレスに連携させることは難しいため、RPAを活用しシステム間のデータ収集を自動で行いましょう。

　しかし、すべての情報を取得していては膨大な時間がかかってしまうため、事前に自社の市場における状況、社風、ビジネスモデルを踏まえて、どのようなデータが見られるようになるとよいか、分析の目的・ゴールを踏まえた上で明確化し、フォーカスすべきデータを絞るとよいでしょう。

②BIによるデータ可視化〜モニタリング〜

　データの収集に目処が立ったら、BIを活用しどのようにデータを可視化するか検討しましょう。集めたデータは多くの情報が混在していることが多いため、分析の目的に合わせてデータを整理・分類しセグメント化する必要があります。例えば、マーケティング施策におけるコンバージョン率の最大化が目的であれば、施策ごとのコストや反響数を投資タイミングやエリアごとに見える化することで、今後の施策に活かすことができるようになります。

③データを元にした意思決定〜データドリブン〜

　最後に、見える化されたデータを元に意思決定を行い、アクションプランを策定しましょう。顧客購買行動が複雑化した現代では、セグメント化し分析用に加工されたデータを元にアクションプランを考えなければ対応が困難になっています。アクションプラン実行後も、実行結果の効果検証を行い、改善を繰り返すことでプランの最適化を行いましょう。

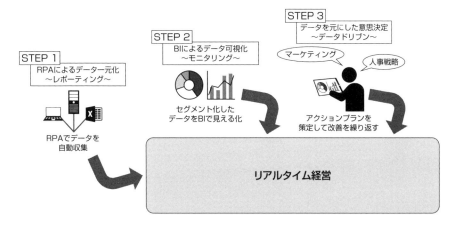

リアルタイム経営の３STEP

STEP 1
RPAによるデータ一元化
〜レポーティング〜
RPAでデータを
自動収集

STEP 2
BIによるデータ可視化
〜モニタリング〜
セグメント化した
データをBIで見える化

STEP 3
データを元にした意思決定
〜データドリブン〜
マーケティング　人事戦略
アクションプランを
策定して改善を繰り返す

リアルタイム経営

経営ダッシュボードのサンプル集① 「士業」

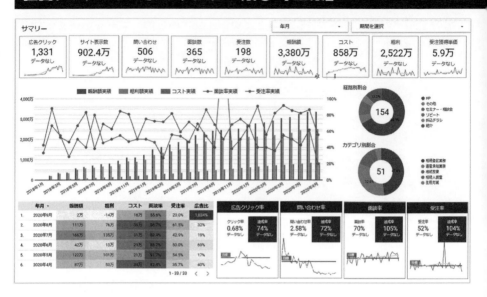

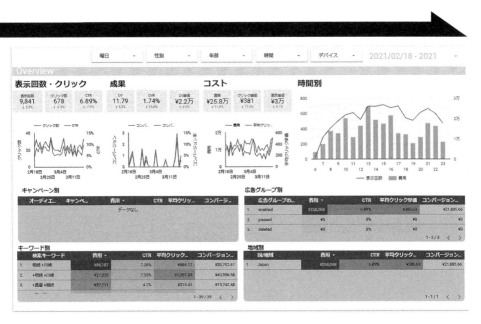

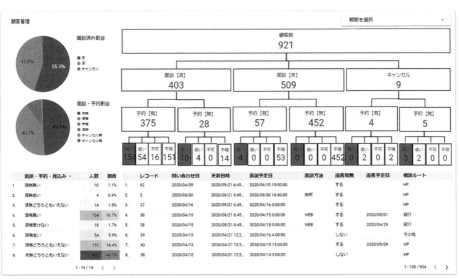

経営ダッシュボードのサンプル集② 「自動車販売店」

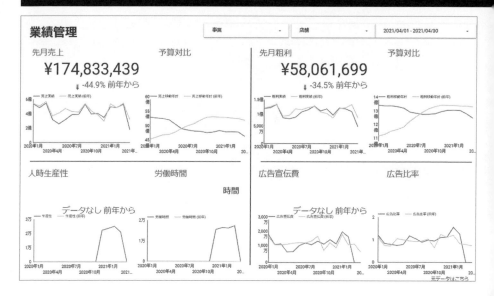

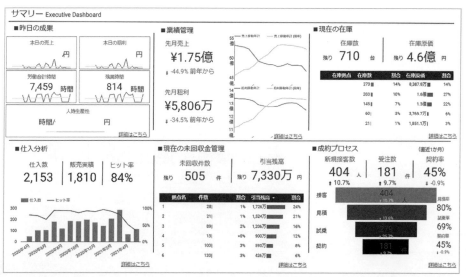

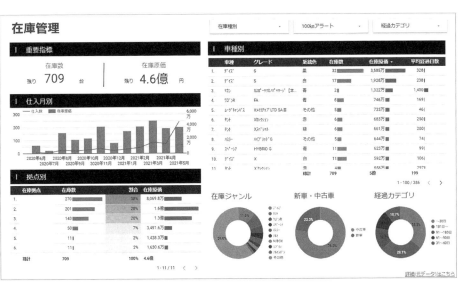

経営ダッシュボードのサンプル集③ 「アミューズメント」

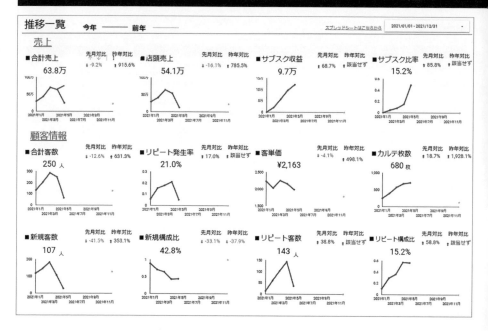

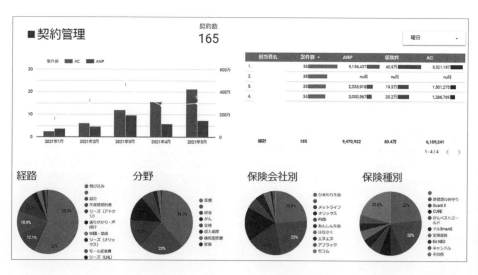

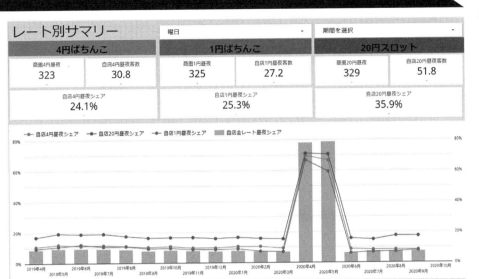

経営ダッシュボードのサンプル集④ 「保険代理店」

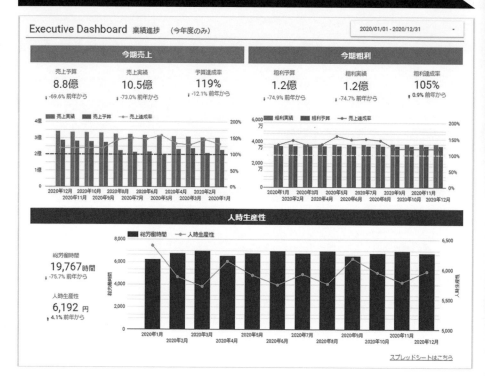

Executive Dashboard 業績進捗　（今年度のみ）　　2020/01/01 - 2020/12/31

今期売上

売上予算	売上実績	予算達成率
8.8億	10.5億	119%
-69.6% 前年から	-73.0% 前年から	-12.1% 前年から

今期粗利

粗利予算	粗利実績	粗利達成率
1.2億	1.2億	105%
-74.9% 前年から	-74.7% 前年から	0.9% 前年から

人時生産性

総労働時間
19,767 時間
-75.7% 前年から

人時生産性
6,192 円
4.1% 前年から

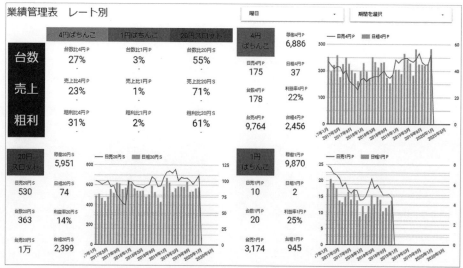

業績管理表　レート別

曜日　　　期間を選択

	4円ぱちんこ	1円ぱちんこ	20円スロット
台数	台数比4円P 27%	台数比1円P 3%	台数比20円S 55%
売上	売上比4円P 23%	売上比1円P 1%	売上比20円S 71%
粗利	粗利比4円P 31%	粗利比1円P 2%	粗利比20円S 61%

4円ぱちんこ

稼働4円P	6,886
日売4円P 175	日組4円P 37
台数4円P 178	利益率4円P 22%
台売4円P 9,764	台組4円P 2,456

20円スロット

稼働20円S	5,951
日売20円S 530	日組20円S 74
台数20円S 363	利益率20円S 14%
台売20円S 1万	台組20円S 2,399

1円ぱちんこ

稼働1円P	9,870
日売1円P 10	日組1円P 2
台数1円P 20	利益率1円P 25%
台売1円P 3,174	台組1円P 945

第6章

自社に合った
デジタルツールを選定する

Digital Transformation

6-1 テクノロジーのトレンドを知る

　自社のデジタルツールを選定する際には、デジタルテクノロジーのトレンドを考慮する必要があります。これからどのようなテクノロジーが流行るのか、どれくらい先に実用化されるのか、今導入するにはまだ早いのか、そのあたりを考えておかないと、デジタルツールをうまく選定・導入できません。

中堅・中小企業版テクノロジートレンドマップ2021―2025

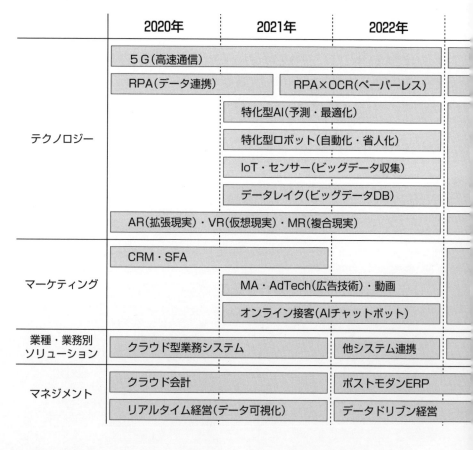

	2020年	2021年	2022年
テクノロジー	5G（高速通信）		
	RPA（データ連携）	RPA×OCR（ペーパーレス）	
		特化型AI（予測・最適化）	
		特化型ロボット（自動化・省人化）	
		IoT・センサー（ビッグデータ収集）	
		データレイク（ビッグデータDB）	
	AR（拡張現実）・VR（仮想現実）・MR（複合現実）		
マーケティング	CRM・SFA		
		MA・AdTech（広告技術）・動画	
		オンライン接客（AIチャットボット）	
業種・業務別ソリューション	クラウド型業務システム		他システム連携
マネジメント	クラウド会計		ポストモダンERP
	リアルタイム経営（データ可視化）		データドリブン経営

中堅・中小企業向けテクノロジートレンドマップ2021-2025

　下に掲載している図は、船井総研デジタルイノベーションラボが独自に提唱する中堅・中小企業向けのテクノロジートレンドマップです。テクノロジートレンドマップは、様々な企業から出ていますが、そのほとんどが大手企業向けの最先端技術を表したものになっており、中堅・中小企業にとっては先進的過ぎて現実的ではない内容になっていることが多いようです。テクノロジーにもよりますが、**大手企業が採用するテクノロジーは2〜3年経ってようやく中堅・中小企業でも実用段階に入ってきます**。大手企業が採用して

いるからといっていきなり飛びつくのは危険です。

テクノロジートレンドマップから読み取れること

　この図をご覧いただくと、ある特徴に気づかれるかもしれません。それは、**2023年を分岐点として、トレンドに変化が見られる**ということです。この変化のキーワードは「ビッグデータ活用」です。大企業では、既にビッグデータの利活用についての取り組みが進みつつありますが、このトレンドは数年のタイムラグを経て中堅・中小企業にも影響を及ぼしてきます。つまり近い将来の「**データを握った者がビジネスを制する**」時代の到来に備える必要があるということです。

　情報のデジタル管理の基盤整備を進めることは、その備えそのものにつながります。ペーパーレス、印鑑レスの先に、デジタルデータの活用を見据え、デジタルツール導入の優先順位をつけて投資していくことが重要です。

2021年〜2022年にかけて押さえておきたいポイント

- 5G（高速通信）により遠隔地でもリアルタイムなやり取りができるようになる
- RPAの利用は、システム間をつなぐデータ連携からスタートさせる
- AIやロボットは特定の分野からスモールスタートさせる
- ビッグデータを集めるためにIoTやセンサーが必要となる
- ビッグデータをためる器（データレイク）が必要となる
- AR（拡張現実）、VR（仮想現実）、MR（複合現実）のビジネス活用を進める
- CRMやSFAは2021年中に完成させる
- MA（マーケティングオートメーション）やリスティング広告のAI機能、動画活用にチャレンジする
- AIチャットボットを活用したオンライン接客にチャレンジする
- 業務システムをクラウド型に移行する
- リアルタイム経営ができるようにする

2023年を境としたトレンド変化

- 各分野、様々なシステムでAIが本格活用される

6-2 分野別デジタルツールのトレンド

デジタルツールの選定において、テクノロジートレンドを考慮することの重要性をお伝えしましたが、デジタルツールにはどのような分野があり、どのようなトレンドがあるのかを把握しておく必要があります。

テクノロジートレンドマップにも記載していますが、デジタルツールをもう少し細かく分類すると次のような分野にわけられます。

〈マーケティング分野〉

マーケティング分野は、主に集客や接客の際に活用するデジタルツールになります。これからの時代は**顧客接点をリアルからデジタルに移行していく**必要があります。

具体的には、自社のWebサイトにチャットボットを導入したり、YouTube動画のビジネス活用を進めたりするなど、24時間365日オンラインで接客できるような仕組みを整備します。Webサイト上での顧客の動きを把握できるMA（マーケティングオートメーション）にチャレンジすることも有効です。とにかくデジタルでの顧客接点を増やし、接触頻度を高める仕組みを構築する必要があります。

〈セールス分野〉

セールス分野は、営業や販売活動の際に活用するデジタルツールになります。ここで大事なのは、**顧客情報の一元管理**です。顧客の情報は、営業部門だけでなく、サポート部門など部署ごとに独自で管理されていたり、部署の中でも担当者ごとに管理されていたりと、一元化されず点在している場合が少なくありません。CRM（顧客管理システム）で、顧客情報の一元管理を行い、継続受注・リピート客の満足度を高めることがポイントです。

また、同様に大事なのが、SFA（営業支援システム）を活用して、営業状況がひと目で把握できるように見える化することです。顧客ごとに商談の

進捗はそれぞれ異なりますので、これも営業担当者ごとに情報を抱え込んでいると全社としての受注見通しを把握することができません。また、各商談フェーズの件数や金額を可視化することも重要です。

〈コミュニケーション分野〉

コミュニケーション分野は、社内外とのやり取りをスピーディに行うためのデジタルツールです。具体的には、ビジネスチャットやグループウェアなどがあります。これらのツールを使いこなすことで、情報をデジタルデータ化し、関係者に素早く伝達することができるようになります。

外部環境の変化が激しく、スピードがとても重要になる時代においては、**コミュニケーションのスピードを速め、意思決定を速め、経営のスピードを上げていくことはとても重要なこと**です。

〈オペレーション分野〉

オペレーション分野は、特定業種の特定業務に特化した業務システムなどがそれに当たります。まさに現場の業務を効率化するシステムです。

最近は、**クラウド型のシステム**が多くなっています。クラウド型の場合、インターネットがつながる環境であれば、どこにいてもいつでもシステムを活用できます。今のテレワークの時代に合ったものを選ぶ必要があります。

〈マネジメント分野〉

マネジメント分野は、会社の管理業務を担う販売管理や財務会計、人事給与などのシステムが該当します。一時期、すべての管理業務を統合的に行おうということでERP（統合基幹業務システム）が流行りましたが、最近では、各分野で強みを持つクラウド型の販売管理システム、クラウド型の会計システムなどをそれぞれ連携させることで実現する「**ポストモダンERP**」という考えが主流になりつつあります。

また、APIやRPAで各システムを連携させ、BIを活用してリアルタイムに経営情報をモニタリングできる「リアルタイム経営」を実現することは、これからの経営において重要なことです。

分野別にデジタルツールを俯瞰すると……

分野	個別ツール	DXに向けた統合型ツール
マーケティング	Webサイト チャットボット YouTube動画 SNS メールマガジン	MA
セールス	名刺管理 顧客情報データベース	CRM SFA
コミュニケーション	ビジネスチャット グループウェア	TV会議（Web会議システム）
オペレーション	業種別業務システム	クラウド型業種別業務システム
マネジメント	販売管理 財務会計 人事給与 勤怠管理 クラウド型販売管理 クラウド型財務会計 クラウド型人事給与 クラウド型勤怠管理	ERP BI ポストモダンERP

6-3 マーケティング分野の ツール選定ポイント

　ここからは、各分野のツール選定ポイントについて触れていきます。最初はマーケティング分野です。

〈MA〉

　MAはMarketing Automationの略称で、マーケティング担当者の業務には欠かせないデジタルツールです。最近では様々なマーケティング関連機能を含む多機能なMAが主流になりつつあります。

　その中でも、インターネット上の訪問者の動きから、自社の製品やサービスへの関心度合いの強さを自動的に点数化して、商談につながりやすそうな顧客を判別する「スコアリング機能」や、顧客の関心に応じてメールで情報提供していく「メールナーチャリング機能」などが基本機能となります。

　他にもWebサイトを作る機能、SFAやCRMとの連携機能、広告管理機能等々、MAは定義が難しくなりつつあるほど多機能なものが登場してきています。**多機能過ぎて使いこなせず、単なるメール配信ツールとなってしまっているケースも少なくないようです。**そうならないように、選定にあたっては、自社が必要とする機能に絞ったプランが選べ、必要に応じてプラン変更で利用する機能を簡単に追加できるものがおすすめです。

〈CTI〉

　CTIとはComputer Telephony Integrationの略称で、コンピューターと電話を連携させることができるデジタルツールです。コールセンターなどでは欠かすことができない製品ですが、最近ではコールセンターで使われるような大がかりな製品だけでなく、安価で中小企業でも導入しやすいクラウド型のCTIも登場しています。

　かかってきた電話番号から顧客を判別して、パソコンの画面上に自動的にその顧客に関する基本情報、商談情報、過去の取引実績などを表示してくれ

るため、**顧客対応の品質向上に効果的**です。

　CTIには、インバウンド（顧客からかかってくる）に強みを持つツールとアウトバウンド（こちらからかける）に強みを持つツールがあるので、選定の際には注意が必要です。また、顧客情報と連携させる必要があるので、すでに導入しているCRMやSFAと連携可能かどうかは調べておく必要があります。

〈チャットボット〉

　チャットボットは、Webサイト上で接客をしてくれるデジタルツールです。以前は、あらかじめ設定したシナリオに沿った会話ができるものが主流でしたので、よくある質問に自動的に回答してくれるものというイメージを持っている方も多いと思いますが、**最近ではAIを搭載したチャットボットに注目が集まっています**。顧客がWebサイトをどんなことに興味をもって閲覧しているかを自動的に判別して、その関心に合った商品やサービスを自動的におすすめしてくれるチャットボットも登場しており、その進化からは目が離せません。

　チャットボットには、Webサイト上の接客に強いチャットボット、カスタマーサポート向けのチャットボット、LINE上で動くチャットボット、多言語対応のチャットボットなど様々なものがあり、目的や用途に応じて選定する必要があります。

　具体的なツールについては巻末で紹介していますので、そちらも合わせてご参照ください。

6-4 セールス分野のツール選定ポイント

　ここではセールス分野の主要ツールであるSFAとCRMの選定ポイントについて解説します。SFAは顧客を開拓するためのもの、CRMは開拓した顧客との関係性を築きリピート率向上やLTV（生涯顧客価値）向上につなげるためのものです。

〈SFA〉

　SFAはSales Force Automationの略称で、営業支援システムと呼ばれることもあります。マーケティング活動で得られた見込み客を適切に管理し、成約につなげるためのシステムです。SFAで大事な機能は、営業プロセス管理です。営業活動には、複数のプロセスが存在します。電話でのアポ取り、商談、見積り、クロージング、成約など。案件ごとにプロセスを管理していきます。この案件は、どのプロセスにいて、順調に進んでいるのか、止まっているとしたらどのような理由で止まっているのか、がひと目でわかるように見える化できることが重要です。**見える化することで営業上の課題が明確になり、対策を打てるようになります。**

　また、SFAでほしい機能は、アラート機能です。ある条件に合致したものをメールなどで通知します。例えば、見積り提出後１週間以上経っている案件が一覧化され、それがメールで通知されたり、次のアクション予定日が過去の日付になっている案件が抽出され、それがメールで送られてきたりするなどです。営業担当者は忙しいため、ついつい忘れてしまうことをシステムがサポートしてくれる機能は非常に重宝します。

　最近では、AI（人工知能）を搭載したSFAも登場し、見込み案件の受注確率を予測したり、営業担当が次に何をすべきかアドバイスがきたりと、SFAも日々進化しています。

　SFAの選定にあたっては、自分たちで営業管理の項目を自由に追加・編集できる柔軟性の高いものを選びたいです。また、最近ではMA（マーケテ

ィングオートメーション）との連携は不可欠なので、MAと連動したSFAもしくは連携しやすいSFAを選ぶとよいでしょう。

〈CRM〉

CRMとはCustomer Relationship Managementの略称で、顧客と自社との関係を築くためのシステムです。顧客に関する基本情報、商談情報、過去の取引実績などを管理し、顧客対応の品質向上に欠かせません。アップセル、クロスセルといった追加の提案や、繰り返し買っていただくリピート率の向上、また、1人の顧客から生涯にわたって得られる利益であるLTV（生涯顧客価値）を向上させるために必須のものです。

CRMには、Salesforceのような業種に依存しない汎用的なシステムもあれば、後述する業種特化型の業務システムと一体になっているものも存在します。汎用型がよいのか、特化型がよいのか、自社の業務に合ったものを選定する必要があります。

また、選定の際に気を付けておきたいのは、CTIなど他のシステムとの接続性です。**CRMは顧客に関するすべての情報を一元管理するシステムですから、他のシステムとの連携は必須**です。連携できないシステムを選んでしまうと、一度入力した情報を他のシステムに転記したり、二重入力や三重入力になったり、といった非効率かつミスを誘う作業が発生してしまいます。

今後重視したいのは、CRMを活用して、顧客とのデジタル接点を管理し、顧客に対してより良い体験の提供、つまり、CX（カスタマーエクスペリエンス）の向上につなげることです。それが実現できてはじめて、CRMが本格的に機能したと言えます。

具体的なツールについては巻末で紹介していますので、そちらも合わせてご参照ください。

6-5 コミュニケーション分野の ツール選定ポイント

　ここではコミュニケーション分野のツール選定ポイントについてご紹介します。素早いコミュニケーションを実現するビジネスチャットと情報共有に効果的なグループウェアについて解説します。

〈ビジネスチャット〉

　ビジネスチャットは、社内や顧客とのコミュニケーションを行うことができる、ビジネス用にセキュリティ機能が強化されたチャットツールです。**メールよりも簡易的なメッセージのやり取りをスピーディに行え、やり取りの履歴が残るので、メールとチャットをうまく使い分けること**が重要です。

　最近ではWeb会議ツールが付属していたり、連携できたりするものも登場しています。また、ビジネスチャットにチャットボット（対話するロボット）を設置することで、社内の問合せ業務に自動で対応することができるものもあります。ただし、多機能であればいいというものではなく、自社の規模に合わせたプラン選択が可能なものを選定したいところです。

　ビジネスチャットの選定でよく議論になるのが、メッセージを読んだことを表す「既読」が付くかどうかです。既読かどうかわかってしまうと受け手にプレッシャーがかかるので困るという意見もあれば、全社員への周知事項がしっかり伝わっているのかを確認したいという意見もあります。これはどのような用途でビジネスチャットを使うのか、どのような機能を重視するのかにも関わってきます。

　ビジネスチャットやメール、SNSを含めて多くのコミュニケーションツールが登場してきたため、複数のツールを使いこなすことも多くなっている一方、どのツールでやり取りをしていたのかわからなくなる弊害も出ています。そのような状況を改善するために、複数のコミュニケーションツールを一元管理するツールが出始めています。顧客や取引先別に複数のコミュニケーションツールを使っている場合は、このような一元管理ツールを活用すること

も選択肢の１つです。

〈グループウェア〉

　グループウェアは、主に社内で各個人の行動情報を共有するためのデジタルツールで、主にカレンダーや掲示板の機能がよく使われます。最近では、チャット機能やSFA、CRM機能を持つものなど多機能化してきています。しかし、多機能であればその分コストも高くなるので、自社にとって本当に必要な機能に絞り込むことで、自社に適したグループウェアを選定しやすくなります。

　また、**グループウェアと他のシステムとを連携させることで、より情報共有が進み、業務効率を高めることができます**。他システムと連携して情報が集まるような仕組みを作り、社内の情報ポータルサイトのような位置づけにしていくことも有効です。グループウェアを選定する際には、他システムと柔軟に連携できるものを選ぶとよいでしょう。

　グループウェアはほとんどすべての社員が日常的に使うツールです。それだけに操作性には注意が必要です。操作性が悪かったり、スマホでの使い勝手が悪かったりすると、情報を入力してくれなくなり、誰も使わないグループウェアになってしまいます。そうならないように、試用期間を有効活用して、導入前に操作性や使い勝手をチェックすることをおすすめします。

　具体的なツールについては巻末で紹介していますので、そちらも合わせてご参照ください。

6-6 オペレーション分野のツール選定ポイント

　ここではオペレーション分野のツール選定ポイントについてご紹介します。オペレーションとは、目標を達成するために、物事を運営・推進していくことを指し、そのためのシステムである業種特化型および業務特化型のシステムについて解説します。

〈業種特化型システム〉

　業種特化型システムとは、特定業種固有の業務に最適化された業務システムのことです。例えば、リフォーム会社専用の業務システム、自動車整備業専用の業務システム、建設業界専用の業務システムなど、ほとんどの業種でこのような業種特有の業務に特化したシステムが存在します。

　業種特化型システムは、特定業種の業務に精通するベンダーが開発・提供していることが多いため、業務を遂行する上で使い勝手が良く、業務の効率化に有効です。ただし、業種特化型のシステムは、業種ごとに複数存在するため、しっかり比較検討して自社に合ったものを選定する必要があります。

　注意したいのは、**業種特化型システムは、古い技術をずっと使っている場合が少なくない**ことです。もちろん新しければよいという話ではないのですが、10年以上前の画面インターフェースのままだったり、パソコンへのインストール型で、出先から使えなかったり、複数人でシステムを共有して使うことができなかったりする場合は問題です。

　最近であれば、クラウド型のシステムになっているのか、他システムとの連携は可能なのか、最新技術への対応はどうなっているのか、そのあたりをチェックする必要があります。

〈業務特化型システム〉

　業務特化型システムは、業種問わず利用できる、特定業務に最適化されたシステムのことです。例えば、業種問わずどの会社にも必要な勤怠管理シス

テム、労務管理システム、人事管理システム、会計システムなどがあります。

　業種特化型システムを開発・提供する会社は、ニッチ市場をターゲットにしているため比較的小さい会社が多いのですが、業務特化型システムを開発・提供する会社は、外部資本を使って大規模なプロモーションを展開するスタートアップのベンチャーなどが多いです。テレビCMなどで聞いたことのある会社もあるでしょう。

　しかし、**テレビCMをしているから、知名度があるからといって、その会社が提供しているシステムが自社に合ったシステムとは限りません**。業務特化型システムにおいても、その業務に特化したシステムを提供する会社が必ず複数社存在しますから、それぞれの特徴や強み・弱みを比較して、自社に合ったものを選定する必要があります。

　業務特化型システムでは、実際にシステムに触ってみて使い勝手などを確認できる試用期間を設けていることも多いので、それを活用するのは良い手です。

　業種特化型・業務特化型システムのどちらにも共通して言えることですが、選定にあたっては、以下の点に注意するとよいでしょう。

- クラウド型かどうか
- スマホで使いやすいかどうか
- 他システムとの連携はできるか
- サポートはしっかりしているか
- 導入実績は多いか

　具体的なツールについては巻末で紹介していますので、そちらも合わせてご参照ください。

6-7 マネジメント分野の ツール選定ポイント

　ここではマネジメント分野のツール選定ポイントについてご紹介します。リアルタイム経営を実現するためのERPとBIについて解説します。

〈ERP〉

　ERPは、Enterprise Resource Planningの略称で、統合基幹業務システムと呼ばれるものです。会社のビジネス全体を支えるシステムで、販売、受発注、在庫、人事、給与等々、あらゆる企業活動に対応した機能を持っています。

　ERPは、1990年代後半から2000年代初期にかけて国内において大企業を中心に導入が急速に拡大した時期があります。ERPの考え方は、欧米諸国の先進企業で導入された経営資源の有効活用や業務プロセス改革による生産性の向上を実現したノウハウ（ベストプラクティス）が凝縮されたパッケージであり、このパッケージに業務を合わせることで、ERPを導入すると業務改革が進むと期待されました。

　しかし、日本においては、欧米諸国と違い自社固有の業務のやり方にこだわった結果、パッケージに業務を合わせるのではなく、業務に合わせてパッケージをカスタマイズしてしまったのです。そのため、欧米諸国のベストプラクティスの恩恵を受けることができず、またカスタマイズを繰り返したことでシステムの運用保守に多大なコストがかかるシステムとなってしまいました。

　近年では、過去の反省を踏まえて、**ERPを導入する際にはゴリゴリのカスタマイズをするのでなく、なるべくパッケージに業務を合わせる、もしくはパラメーターの設定変更で済むようにするといった傾向が強くなっています**。本来のERPの発想に近づいていると言えるでしょう。また、クラウド型のERPの登場により、中堅・中小企業においてもERPを導入しやすくなっています。

最近では、「ポストモダンERP」という新しい導入の考え方が登場し、中堅・中小企業にとってさらに取り入れやすい存在になりつつあります。それは、企業活動のうち、デジタル化を進める優先順位に応じてそれぞれの業務に特化したクラウドシステムの導入を進めていき、それぞれのシステムを連携させてERPと同等のシステムを構築していくという考え方です。コストパフォーマンスが良く、テレワークにも効果的です。

ERP選定の際には、**すべての業務を１つのシステムでカバーしようとせず、各業務のクラウドシステムを連携させてERPを構築する**という考え方も持っておくとよいでしょう。

〈BI〉

BIは、Business Intelligenceの略称で、企業に蓄積されていくあらゆるデータをグラフや表などの形で可視化し、分析することができるデジタルツールです。

最近では、ERPやCRM、SFAなどのデジタルツールに簡易的なBI機能が備わっていることも珍しくありませんが、デジタルツールが増えるほど、全社のデータを俯瞰したいときに、データを各システムから出力してレポートにまとめ直したりする時間や労力がかかってしまいます。**BIツールは、各システムを自動連携させて社内に散在するデータを集約し、分析することで真価を発揮します。**

ポストモダンERPを構築する際には、各業務のクラウドシステムをAPIやRPAで連携させて、BIツールで経営の状況をリアルタイムに見られるようにします。**BIツールはこのようなリアルタイム経営を構築するために欠かせないツール**と言えます。また、今後は蓄積された大量のデータ（ビッグデータ）とAIを駆使して予測や最適化など精度の高い経営に活用できるような、拡張性のあるBIツールを検討するとよいでしょう。

具体的なツールについては巻末で紹介していますので、そちらも合わせてご参照ください。

労働時間を削減する デジタルツール5選

人時生産性（粗利÷総労働時間）向上の観点から、ここでは労働時間の削減に効果的なデジタルツールをご紹介します。

①TV会議

TV会議は、最近はWeb会議システムと呼ばれることのほうが多くなってきました。特に、クラウド型の便利な製品が登場し、テレワークの普及とともに、急速に利用が広まってきています。音声や画質も問題なく使えるだけでなく、画面や資料の共有などの機能も充実し、社内だけでなく顧客との商談にも利用されるようになっています。TV会議をうまく活用することで、移動の時間を大幅に削減することができます。また、効率的にアポイントを入れることができるため、商談数の向上にも有効です。

製品の種類が多く、特に社外とのやり取りにおいては相手が利用しているWeb会議システムを使わざるを得ないケースもあり、**できるだけ広く普及している製品を選定するのがポイント**です。

②日程調整アプリ

日程調整アプリは、複数人の予定を合わせる上で便利なデジタルツールです。人数が多い会議や、多忙なメンバーを含めて調整する際など、**調整役となった方の負担と時間を大幅に軽減することができます。**

複数の候補日をあらかじめ設定しておき、その中から各メンバーに都合の合う日時を選択してもらうタイプだけでなく、Googleカレンダーと連携し、各メンバーの空いている予定を表示して、自動的に候補日時を抽出してくれるタイプなど、ビジネスにも利用しやすいものが登場しています。

③RPA

第5章でも登場したRPA（Robotic Process Automation）ですが、人間が

パソコン上で行う作業を自動で実行することができます。例えば、月末に集計を行う必要があり、月末にならないとデータが集まらず、そのために残業して処理を行っていた業務があったとします。ロボットにその作業を覚えさせることで、人間は定時に帰り、その後はロボットが自動で淡々と処理を進めてくれ、残業時間と残業代の削減につながります。

また、システム間の連携ができておらず、毎日手動でデータの移行や転記を行っている場合、人間の代わりにロボットがデータをコピーして入力することも可能です。**ロボットができる業務はすべてロボットに任せ、人間はより付加価値の高い業務に集中できるようにすることが重要**です。

④ワークフロー

ワークフローは、従来、紙の書類を回覧して行っていた社内の申請業務（いわゆる稟議）をオンライン上で行えるようにするデジタルツールです。最近では、電子署名や電子印鑑に対応した製品も多く、**署名・捺印のためだけに出社したり書類を郵送したりする無駄を省くことにも役立ちます。**紙での稟議の場合、物理的に時間がかかるのはもちろん、回覧したことを電話やメールで案内しないと承認処理が進まないことも多いようで、そのあたりの手間と時間の削減も期待できます。また、承認の証跡がタイムスタンプ（時間の記録）とともに残るので、申請業務の品質が高まる効果もあります。

⑤リモートアクセス

リモートアクセスは、社外の環境から社内システムに安全かつ簡単にアクセスすることを可能にするデジタルツールです。セキュリティ面も確保しつつ、**営業担当者や在宅勤務者がテレワークを実施する上では不可欠なものです。**テレワークができるようになると、通勤時間や移動時間がなくなるため、粗利を生まない労働時間を少なくすることができます。

以前はVPNと呼ばれる仮想的なネットワーク接続を実現する方式やリモートデスクトップが主流でしたが、最近はクラウドシステムを直接利用可能にする方式が登場し、以前よりも低コストで中小企業にとっても導入しやすい製品が登場しています。社内システム選定の段階で、導入しようとするリモートアクセスツールに対応したものを選ぶようにすることがポイントです。

175

人時生産性（粗利÷総労働時間）向上の観点から、ここでは粗利向上に効果的なデジタルツールをご紹介します。

粗利向上に効果的なデジタルツールはここまでマーケティング、労働時間削減、セールスの各分野で説明した下記の3つです。基本的な説明は各分野での記述をお読みいただくとして、ここでは、それぞれのデジタルツールで粗利向上を実現するための運用のポイントを解説します。

- MA（マーケティングオートメーション）
- オンライン商談ツール（Web会議ツール）
- SFA（営業支援システム）

①MA（マーケティングオートメーション）

MAは「アポイント率」「商談化率」を向上するのに効果的なデジタルツールです。というのは、Web上の行動履歴から自社ならびに商品・サービスに関心の高いと思われる顧客をスコアリングによって抽出する機能があるからです。運用のポイントは、MAで抽出した顧客へのコールを担当するインサイドセールスとの連携です。MAからの情報を受けたインサイドセールスは興味・関心の背景などをヒヤリングした上でアポイントを取得し、営業に顧客情報を渡すことで、営業担当者は商談化率の高い顧客にコンタクトを取ることができるため、会社として、効率良く商談を獲得する体制を作ることができます。

②オンライン商談ツール（Web会議ツール）

次に、オンライン商談ツール（Web会議ツール）ですが、これは「商談数」や「成約率」を向上させるのに効果的なデジタルツールと言えます。Web会議ツールの中には、社外との商談に特化したものものありますが、一般的

なWeb会議ツールでも問題なくオンラインでの商談に活用できます。

　運用のポイントは、オンライン商談に合わせた営業シナリオを用意し、シナリオに合わせてデモやプレゼン資料などを整備することです。また、Web会議ツールを使うと、現地へ訪問する場合に比べて日程調整も容易で移動コストもかからないので、デモの上手い担当者や、クロージングに強い営業担当者、技術や業務に詳しい担当者など商談を有利に運びやすいメンバーに参加してもらいやすくなります。商談の様子を録画しておくことで、上司も営業の進め方やクロージングの指導がやりやすくなり、成約率の向上につながります。

③SFA（営業支援システム）

　最後がSFAです。これも「**成約率**」を高めるために**活用**することができるデジタルツールです。SFAを活用することで、営業プロセスを細かく分解し、プロセスごとに管理できるようになり、改善ポイントを見える化できるようになります。

　重要なのは、様々な切り口で商談を分析することです。担当者別、エリア別、受注確度別、商品別、顧客セグメント別、営業ステータス別などで見ていくことで、強みと弱みがどこにあるのかを把握することができ、営業リソースを注力すべきポイントがわかるからです。

　また、SFAには前回訪問から一定時間が経過している顧客を知らせる機能が備わっているものもあるので、そうした機能を利用することで、多くの顧客を抱えている場合でも、進行中の商談が止まらないようにフォローしていくことができます。

　SFAを選定する際には、管理項目を自由に編集できるものを選びたいです。商談や営業で管理したい項目は会社や商材によって異なります。そういった項目が自分たちで自由に編集できるような、柔軟性のあるシステムがよいです。項目を変更する度にコストがかかるものは避けたいところです。

①メルマガを顧客情報に基づいて自動送付
　開封状況が確認できる

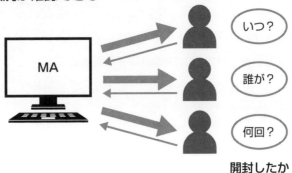

②Webサイトの閲覧状況が確認できる

①②などをスコアリング。
得点の高い＝関心の高い顧客をピックアップ

第7章

中堅・中小企業のDX成功事例

Digital Transformation

7-1 事例①：測量設計事務所が業務のDX化で人時生産性が3年で2倍に

名古屋市にある測量設計事務所の株式会社スペース設計では、業務のDX化に取り組み、3年で売上2.2倍、人時生産性2倍を達成しています。

導入前の課題

土地家屋調査士が行う測量・設計業務においては、資格者の高齢化と減少に伴う採用難による**人手不足問題**、業界内での競争の激化による**低単価化問題**、低生産性ゆえ残業の多い**長時間労働問題**が発生していました。スペース設計では仕事は十分にあり業績も好調だったのですが、働き方改革による従業員の処遇改善とデジタルを活用した生産性向上が必要だと感じていました。

業務のDX化

まず取り組んだのは、測量業務の効率化です。資格者を採用せずとも業務を多くこなせる**ワンマン測量（自動追尾型の機械を使用し1人で測量）とkintone導入による分業化を実現**しました。また、**ドローンを活用した測量**により、測量時間の削減と正確性の向上が同時に実現できたため、これまでは難しかった大規模宅地や山間部の測量も可能となり、測量案件を大幅に増やすことができたのです。

業務の効率化はもちろん、

スペース設計のDXジャーニーマップ

KGI	✓ 担当一人当たりの単月売上 ✓ 担当一人当たりの単月処理件数	
プロセス	受託測量依頼 → 事前調査 → 現地測量	
KPI 一般	・仮測量件数(不動産会社経由) ・敷地調査件数(ハウスメーカー経由) ・現場あたり稼働時間(仮測量) ・現場あたり稼働時間(敷地調査)	
管理	・業務遅延率／業務受託率／請求・未請求数管理	
デジタルツール 共通	CMS リスティング	CRM(kinton
外業	Clowd Calender + Chatwork + Google カレンダー	GoogleMAP ／ ワンマン(3D)機械 Leica・トリンブル TV会議システム(ZOOM・meet in)
内業		データ共有システム(BOX) CADソフト(BLUETREND・アイサン)
新たなCX	●クラウド上で受発注ができ、「測量をお願いしたいとさ」にお願いできる ●依頼が来た段階でカレンダーから測量に入れる日程を自動で返信 →依頼に対して即時対応できる環境を目指す(即レス・省人化)	●図面を即座に出すためにもリモート作図部隊を構築し、当日納品を実現し、速やかな不動産売買に寄与する ●経験の浅いスタッフ、未経験のスタッフでも現地と事務所をつなぎ、オペレータ機能を活かし、確実な測量成果、精度の高い測量成果を提供できる ●現場を録画することもでき、オンライン営業にも対応できる商材が入手できる

新たなCXの実現のためにメイン顧客である不動産会社のオンライン内覧会のサポートや依頼を受けてから納期通りに納品するための仕組みを整備し、顧客満足度の向上も実現してきました。

取り組み後の効果

これらの取り組みの結果、3年で売上は2.3億円から5.1億円（2.2倍）、1人当たりの労働時間は12時間から9.5時間（20％減）、人時生産性は3500円から7000円（2倍）というすばらしい成果を出しています。

これだけの成果を出せた理由は、**最初にDXジャーニーマップを作成し、自社のデジタル戦略を明確**にしていたからです。そして、どの業務でDX化するか優先順位を明確化し、**経営トップ直下のチームを設立して実行した点**が大きいです。経営トップがDXへの理解・関心を持ち、すぐに行動し、ダメならすぐに戻すというアジャイル的な発想を持ち、まずは小さな成功体験を積み重ね、徐々に全社に浸透させていくことがポイントです。

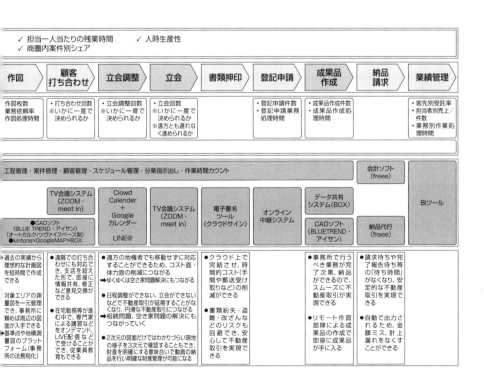

千葉県野田市に本社を構え、12の葬儀式場を持つ葬儀社の株式会社金宝堂では、デジタルツールを活用してコンタクトセンターを導入、分業体制を確立し、1人当たり生産性2.1倍を実現しています。

導入前の課題

担当者それぞれがすべての業務を担当しており、業務の効率化が難しい状態でした。拠点間での情報が共有できていなかったため、拠点によって忙しさに差が出てしまい、休みが取れない人も多くいました。また、担当しか把握していない情報があり、緊急の場合、休みの日でも顧客から担当に連絡が来てしまい、**休みでも対応せざるを得ない状況**になっていました。情報共有ができないことで、最適な業務分担と人員配置ができていなかったのです。

コンタクトセンターを中心にした分業体制を構築

担当者がすべての業務を担当するのではなく、受注担当、施行担当、アフター担当と**分業化することで業務を効率化し、休みを取りやすくなりました。**これまでは担当に来ていた連絡をコールセンターで一元的に受けることで、担当への直接の連絡がなくなり、情報を共有することができるようになりました。また、顧客の情報を引継ぎしやすくなり、各担当者の業務量を把握して、最適な人員配置も可能になりました。

この分業体制を機能させるために、**顧客情報のデータベースとなるCRMを構築し、顧客からの問い合わせに素早く対応するためにCTI**（電話がかかってくると顧客情報がパソコン上に表示されるシステム）を導入しました。

取り組み後の効果

これらの取り組みの結果、以下のような効果が出ています。デジタルツールを活用した分業化と情報共有による成功事例といえます。

- 1人当たりの単月売上：207.8万円→ 233.5万円
- 1人当たりの単月粗利：134.8万円→ 187.7万円
- 施行件数： 3 年で500件→ 1900件

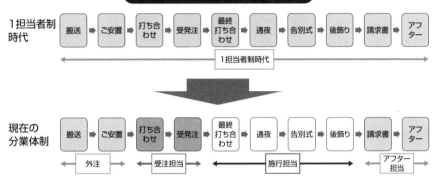

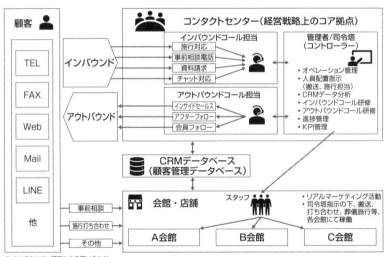

※インバウンド：顧客からの問い合わせ
アウトバウンド：顧客へのアプローチ

事例③：ビジネスホテルにおける価格調整の自動化で10%超の収益アップ（RPA活用）

　某大手ビジネスホテルチェーンにおいて、RPAを活用した宿泊価格の自動調整（ダイナミックプライシング）により、RevPAR（客室1室当たりの収益）を10%以上向上した事例があります。

導入前の課題

　ホテル業界においては、宿泊価格の調整業務をレベニューマネジメントといいます。レベニューマネジメントは業績を左右する非常に重要な業務で、需要と価格のバランスを考慮して最適な価格を設定するものです。勘と経験がものをいう業務で、**属人的な要素が強く成果にバラツキが出やすい点**、また**非常に時間と手間がかかる点**が課題でした。

RPAを活用したダイナミックプライシングの自動化

　ホテルにおいては、各OTA（Online Travel Agent：宿泊予約サイト）の価格と予約を一元管理するサイトコントローラーというツールが利用されていますが、このサイトコントローラーをRPAで自動操作する仕組みを構築しました。客室の稼働率に応じて最適化された価格テーブルを用意し、それを**RPAが毎日チェック更新し、こまめなダイナミックプライシングの自動化を実現**しています。

導入後の効果

　実際に近隣のホテルで人が行うレベニューマネジメントとRPAで自動化したレベニューマネジメントの成果（RevPAR）を比較検証したところ、自動化したレベニューマネジメントのほうが10%以上高い成果を上げました。

　また、これまでレベニューマネジメントに費やしていた時間を**月40時間以上も削減**することができ、その空いた時間を顧客対応の時間に充てることで顧客満足度アップにも貢献しています。

価格調整を自動化する仕組み

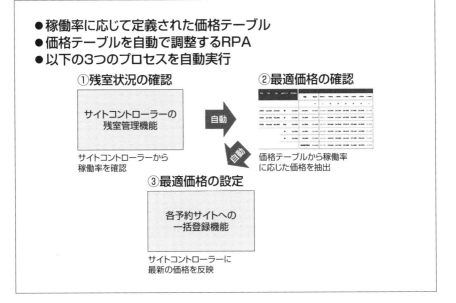

- ●稼働率に応じて定義された価格テーブル
- ●価格テーブルを自動で調整するRPA
- ●以下の3つのプロセスを自動実行

①残室状況の確認

サイトコントローラーの
残室管理機能

サイトコントローラーから
稼働率を確認

自動

②最適価格の確認

価格テーブルから稼働率
に応じた価格を抽出

自動

③最適価格の設定

各予約サイトへの
一括登録機能

サイトコントローラーに
最新の価格を反映

ダイナミックプライシングで収益が上がるロジック

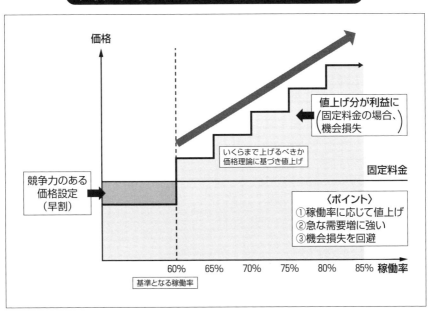

価格

値上げ分が利益に
（固定料金の場合、
機会損失）

いくらまで上げるべきか
価格理論に基づき値上げ

固定料金

競争力のある
価格設定
（早割）

〈ポイント〉
①稼働率に応じて値上げ
②急な需要増に強い
③機会損失を回避

60%　65%　70%　75%　80%　85%　稼働率

基準となる稼働率

7-4 事例④：静岡の電子機器開発製造業が MA活用で 受注単価30%アップ

　静岡県浜松市にある電子機器開発製造業のアート電子株式会社では、MA（マーケティングオートメーション）を導入し、新規顧客の開拓と受注単価30%アップを実現しています。

思い描いていた理想の仕組み

　Webサイトからの問合せ案件に対して、いきなり営業マンが対応するのではなく、自動的にステップメールを送る。そして、コンタクトをある程度"密"にして顧客化できる見込度が高まったところで、最終的に営業マンがクロージングを行う。そのような理想的な仕組みを作りたかったところ、MAに出会い導入を決めました。

MAによる営業活動の効率化

　同社ではMAを活用してメールマガジンを定期的に配信しています。MAを活用すると、メールマガジンをいつ、誰が、何回開封したかがわかります。また、メール文中のどのURLをクリックしたか、いつ、どれくらい、どのページを見たか、といったWebサイトの閲覧状況が手に取るようにわかります。その結果からインサイドセールスが電話かメールでフォローを行い、見込度の高い案件だけを営業マンにつなぐという体制を整備しています。

取り組み後の効果

　これらの取り組みの結果、①見積件数の増加、②受注率の増加、③受注金額の上昇という効果が出ています。具体的には、50社以上の新規顧客開拓に成功し、受注単価が30%増加するという成果を実現しました。
　特に、①MAに対応したWebサイトを再構築したこと、②有望な顧客を見極めるシナリオを作り、受注率が高まったことが成功ポイントとなりました。

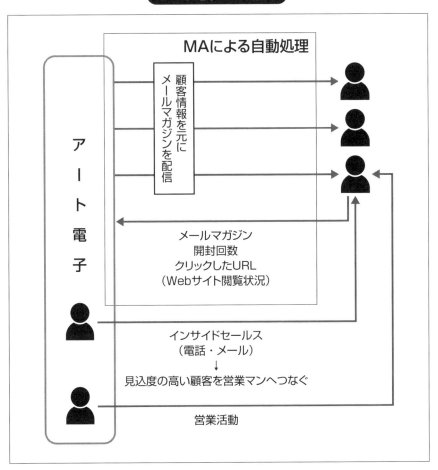

アート電子のMA活用

MAによる自動処理

顧客情報を元に
メールマガジンを
配信

アート電子

メールマガジン
開封回数
クリックしたURL
（Webサイト閲覧状況）

インサイドセールス
（電話・メール）
↓
見込度の高い顧客を営業マンへつなぐ

営業活動

7-5 事例⑤：運送会社が物量予測AIで時短と給与アップを実現

AIというと大企業の事例が多いですが、中小企業においても着実に導入が進んでいます。千葉県野田市にある運送会社の東運輸では、AIを活用した荷物の物量予測により、ドライバーの業務効率化と労働時間の短縮、給与アップを実現しています。

ドライバーのスキルを数値化・可視化

AIを活用した物量予測システムを導入しようと思ったきっかけは、集配ドライバーの流動化による人材不足、物量の増減に対応できずに発生していた機会損失、有休取得義務化などのコンプライス問題への対応が必要となっていたからです。**ポイントになるのが物量予測の精度**ですが、これまではドライバーの勘と経験による部分が大きく、人によってブレが生じていました。

職人のようなスキルが求められる業務を数値化し可視化することが必要と感じ、AIを活用した物量予測システムの導入を決めました。荷物の個数や件数、重量といったデータに加えて、天候などの関連データを分析し、物量の予測を行ったところ、**9割ほどの的中率で予測が可能**となりました。

導入の効果と今後の展望

物流予測AIによる予測値を元に人員の最適化を行うことで、**ドライバーの労働時間を月15時間ほど短縮**することに成功。また、生産性向上によって待遇面の改善も実現し、**月の給与を平均6500円増やす**ことができました。全社的にも属人性の高い業務を見直すなど意識改革につながっています。

現在は独自でパレット数の統計をとるなど**新たなデータ収集を実施**し、**物量予測のさらなる精度向上**に取り組んでいます。また、今後は債権管理分野でのデジタル化、AI-OCRを活用したペーパーレス化も進め、DXによる業容拡大で、3年で年商15億円、5年で20億円の企業体へと成長しようとしています。生産性の高い職種となることで、業界の地位向上も目指しています。

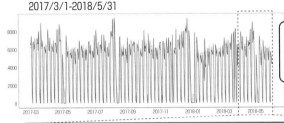

2017/3/1-2018/5/31

約9割の的中率
「平均±10%で予測可能」
との結果が得られた

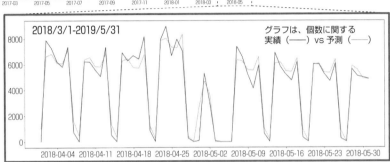

2018/3/1-2019/5/31

グラフは、個数に関する
実績（——）vs 予測（——）

AI導入による効果

予測を元に人員の最適化を実施

＊結果＊

労働時間　↓減　：<u>15時間／月・人</u>

給　　与　↑増　：<u>6500円／月・人</u>

現場意識　↑上　：<u>現場もDXへの意欲が向上</u>

※2017年5月〜11月
2018年5月〜11月比較

大幅な生産性アップ・意識改革に寄与

事例⑥：養豚場のすべての設備を見える化し、大幅コスト削減（IoT活用）

宮崎県中部の川南町にある協同ファームでは、1万頭の豚を飼育する養豚場の設備をIoT（Internet of Things）でつなぎ、遠隔監視する仕組みを実現しています。

導入前の課題

広大な敷地の養豚場には、様々な設備があり、その**補修作業に多くの時間**を取られていました。自動給餌器・自動除糞装置などの故障、水道管の水漏れ、排水溝の詰まりなどが日常的に起こり、従業員はたびたび補修に追われることがあったようです。また、夜間は無人になるため、**トラブルが起きても半日近いあいだ故障に気づかず放置されていた**こともあったようです。どの箇所に故障があるか豚舎に行かないとわからないため、遠隔でモニタリングできるシステムが必要と考えていました。

IoTですべての設備を見える化

そこで、豚舎にある様々な設備にIoTデバイスであるセンサーを取り付け、それをインターネットにつなぎ、遠隔で監視・モニタリングできる仕組みを構築しました。**トラブルが発生するとセンサーが感知し、スマホにアラートが飛ぶような設定**を行い、故障や異常があればすぐに気づけるような仕組みになっています。また、**すべての設備の状況をBIツールで可視化し、リアルタイムに把握**できるようになっているのです。

導入の効果

導入の結果、水道管が破裂した場合に従来は復旧までに**約10時間**かかっていたのが**約1時間**で復旧可能になり、餌の残量を確認する作業に毎日**約2時間**かかっていたのが**30分**に短縮でき、自動除糞装置が故障して復旧するまでの時間が**約3時間から30分**へとそれぞれ大きく短縮されました。故障や異常

に早く気づけるようになったことで、対応コストが大幅に削減されました。

BIツールの画面

〈肥育エリアの水の流量〉

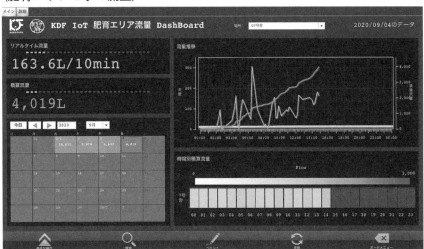

〈餌の残量〉

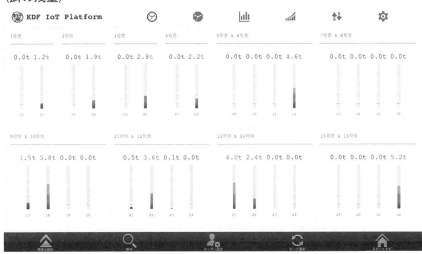

7-7 事例⑦：自動車販売会社が RPA×BI活用で リアルタイム経営を実現

神奈川県大和市に本社がある自動車販売業を営む株式会社トータスでは、RPAとBIを活用して様々な経営情報をほぼリアルタイムに把握できる仕組みを構築しています。

導入前の課題

複数の業務システムを導入していたものの、それぞれのシステムが部署別に部分最適に導入されておりデータが連携していなかったため、**データの入力ミス**があったり、**入力に時間と手間**がかかったりしていました。現場の入力ミスが結果的に、**コンタクトセンターでの顧客対応や会計処理に悪影響**を及ぼしていました。また、欲しい情報が早く正確に収集できる仕組みになっていませんでした。

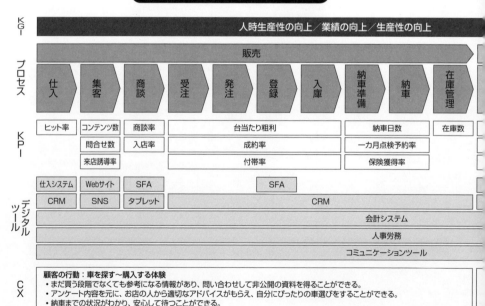

トータスのDXジャーニーマップ

KGI	人時生産性の向上／業績の向上／生産性の向上									
プロセス	販売									
	仕入	集客	商談	受注	発注	登録	入庫	納車準備	納車	在庫管理
KPI	ヒット率	コンテンツ数	商談率	台当たり粗利				納車日数		在庫数
		問合せ数	入店率	成約率				一カ月点検予約率		
		来店誘導率		付帯率				保険獲得率		
デジタルツール	仕入システム	Webサイト	SFA			SFA				
	CRM	SNS	タブレット	CRM						
				会計システム						
				人事労務						
				コミュニケーションツール						
CX	**顧客の行動：車を探す～購入する体験** ・まだ買う段階でなくても参考になる情報があり、問い合わせして非公開の資料を得ることができる。 ・アンケート内容を元に、お店の人から適切なアドバイスがもらえ、自分にぴったりの車選びをすることができる。 ・納車までの状況がわかり、安心して待つことができる。									

DXジャーニーマップを元にリアルタイム経営の仕組みを構築

　DX化にあたり、部分最適ではなく**全体最適の視点を取り入れるため、DX ジャーニーマップを作成**し、業務プロセスの整理と意思決定に必要なデータ項目の洗い出しを行いました。各部署の主要メンバーを集めてワークショップ形式で進めることにより、部署間で情報や課題を共有することができ、お互いの状況を初めて知る良い機会となりました。

　各業務システムは、APIでの連携ができないシステムだったため、**RPAを活用してデータ連携を行う**ことにしました。**データはすべてBIツールで集約**し、業績状況、売れ筋・死に筋商品情報、長期在庫状況、未回収金状況、労働時間の状況などがひと目でわかるような仕組みを構築しました。

効果と今後の展望

　この取り組みにより、「組織全体のバリューチェーンの効率化」が徐々にあらわれてきました。今までは点（事業部最適化）だったものが、線（会社組織全体最適化）につながってきています。そして、新たな問題点や課題も

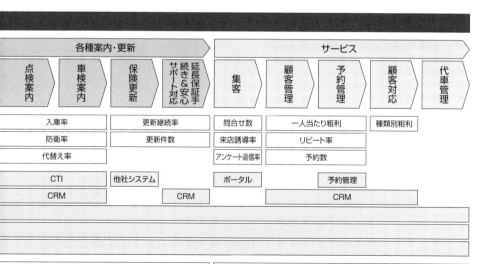

明確に発見できるようになりました。

　業績面での成果はまだこれからですが、リアルタイム経営の仕組みが整ったことで、今後は以下のような効果を見込んでいます。

・売上機会損失の減少（売れ筋、死に筋の早期発見）

・在庫ロスの減少（長期在庫の早期発見）

・未回収金の減少（未回収金の常時チェック）

・36協定違反のゼロ化（残業時間、有休の常時チェック）

・人時生産性の向上（常時チェックによる意識向上）

　また、DXの次のステップとして、LINEやSNSを活用した顧客接点のデジタル化、ビッグデータとAIを活用した需要予測や最適在庫量の算出などにチャレンジしていく予定です。

BIの例

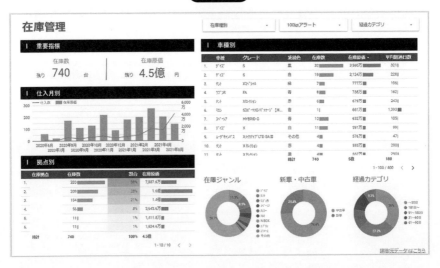

第8章

DX推進でよくある
課題と対処法

Digital Transformation

何から始めていいのかわからない ▶DX推進ロードマップ

「何から始めていいのかわからない……」

そんなときはDX推進ロードマップを参考にするとよいでしょう。大事なことは、**何をやるかではなく、何からやるか**。実行する順番が重要です。右図のDX推進ロードマップを活用すると、どの順番で何をすべきか明確になります。

最初にやるべきことは、もうおわかりですね。**DXジャーニーマップの作成**です。全体最適視点での設計図作りです。DXジャーニーマップが作成できたら、**経営効果×導入難易度マトリクスで優先順位を付けて、デジタルツールの導入に進みます**。

デジタルツールの導入の前には、必ずKGIとKPIを設定しておきましょう。DXジャーニーマップを作っていれば、この点はクリアできているはずです。KGIを達成するために導入するデジタルツールでどのようなKPIを収集するのか、そして、導入後にはKPIが導入前と比べてどれくらい改善したのか検証する必要があります。

そして、デジタルツールの導入は、**スモールスタートで始める**のが鉄則です。例えば、1つの部門だけで使ってみる、1つの事業部だけで使ってみる。そこで想定していた効果が出そうであれば、全社展開を進めていきます。いきなり全社展開してしまい、効果が出なかったという話になるとシャレになりません。

DX成功のためのロードマップ

このDX推進ロードマップのように、全体の計画を立てたら、スモールスタートの準備をします。KPIが取得できる仕組みを作り、スモールスタートでの導入を実施します。しばらく運用した上で導入効果を検証し、**効果が確認できれば全社展開**を行います。

全社展開を進める中で必ず課題が出てきます。入力が徹底されていなかっ

たり、思ったような効果が出なかったり。それらの課題を解決するための計画を立て、課題を1つずつ潰していきます。そしてまた効果を検証し、さらに効果を出すための施策を考え、実行に移していきます。この**サイクルを繰り返すことで、DXの成功を目指していきます。**

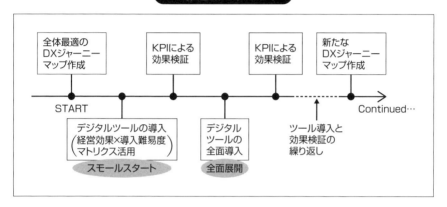

ツール選定のコツがわからない
▶デジタルツール比較表

「デジタルツールが多すぎて、どのツールを選んでいいのかわからない……」

巷には数多のデジタルツールがあふれています。そして、毎月のように新しいデジタルツールが登場します。そのような状況の中で、自社に合ったデジタルツールを見つけ出すのは至難の業です。

主要デジタルツール比較表

船井総研では、デジタル化する際に必要となる主要なデジタルツールの比較表（右図は一部抜粋版）を用意しています。比較しやすい項目を設定していますので、デジタルツール選定の参考にしていただければと思います。

自分で比較表を作る方法

比較表に載っていない場合はどうしたらいいのか？　実は、自分で比較表を作る方法があります。

まず、対象分野における実績No.1の企業に資料請求などの問い合わせをする傍ら、競合企業の名前を聞きます。**「御社はこの分野で実績No.1企業だと思いますが、よく比較される会社にはどのような会社がありますか？」**と聞いてみてください。

次に、競合企業に連絡し、競合との比較表をもらってください。おそらくどの会社も競合との比較表を持っています。**「ツール選定の参考にしたいので、比較表のようなものがありましたらいただけませんか？」**と言うと、もらえることが多いです。

そして、他の競合企業からも同じように比較表を取り寄せます。そうすると、複数の比較表が手に入ります。もちろん、取り寄せた比較表の中には自社にとって都合の良い比較表もあるとは思いますが、共通項や違いがわかるようになります。こうした**共通項や違いがひと目でわかるように、各社の比**

較表を1つにまとめると、自社オリジナルの比較表が完成します。

デジタルツール比較表の例

コミュニケーションツール比較表

	Chatwork	LINEWORKS	slack
基本機能	グループチャット機能、タスク管理機能、ファイル管理機能、音声通話など、ビジネスコミュニケーションに特化した機能がある。	トーク(チャット)機能、カレンダー機能、タスク機能、アンケート機能、ファイル管理機能、などビジネスとして使うのに十分な機能がある。	会話、ファイル、ツール、メンバーを1か所にまとめられるチャンネル機能、社内・社外問わないチームコラボ機能、音声通話、ビデオ会議機能など、自由度の高いコミュニケーション設計が可能。
特徴	・日本国内利用者数ナンバーワン ・強みはチャットに紐づいた使いやすいタスク管理機能 ・拡張性も高く、連携することで独自の使い方が可能	・LINEと同じUIでの使用が可能 ・アンケート機能やカレンダー機能など他のツールではあまり見ない機能も充実 ・管理者を設定し、セキュリティ制御可能	・自分の管理しやすいようにグループを作成できる ・2,200以上の外部サービスとの連携 ・定型アクションの自動化機能
初期費用	無料	無料	無料
月額費用	フリー:無料 ビジネス:1ユーザー500円/月 エンタープライズ:1ユーザー800円/月 ※年間契約の場合	フリー:無料(100名まで) ライト:1ユーザー300円/月 ベーシック:1ユーザー500円/月 プレミアム:1ユーザー1,000円/月	フリー:無料 プロ:1ユーザー850円/月 ビジネスプラス:1ユーザー1,600円/月
外部連携例	・Gmailでのメール転送 ・Googleカレンダーとタスクの連携 ・Twitterでの通知　など	・人事労務freee勤怠打刻bot ・セコム安否確認サービス ・KING OF TIME　など	・ZOOMやSKYPEなどの会議ツール ・Googleドライブ、BOX ・Twitter ・Googleカレンダー　など
導入実績	国内3万社の導入実績	公式情報公開なし	世界75万社以上の導入実績

(255ページ参照)

(2021年6月現在)

MAツール比較表

	Zoho	Marketo	Salesforce Pardot
基本機能	Zoho社のZohoCRM、Campaigns、SalesIQと組み合わせることでMAを実現するツール。中堅・中小企業をターゲットとしているZoho社のツールと連携が可能。マーケティングから営業までZoho上で完結させることができるため、Zoho内のツール営業情報の一元管理が実現する。	MAの専門ツールであり、多くの既存デジタルツールとの連携が可能。B to C、B to B共に活用事例もあり、Zoho社やSalesforce社のツールのようにCRM、SFAといったツールまで縛られることがなく、既に導入している他ツールに合わせた活用が可能となっている。	B to Bのビジネスに特化したMAツール。Salesforceとのシームレスな連携が可能で、Salesforceをすでに導入している会社では、第一候補となるMAツールだと言える。営業情報の一元管理や多くの他社ツールとの情報共有も有り得る。
特徴	・高機能であり、価格が抑えられている ・Zoho社の他プロダクトとのシームレスな連携が可能 ・顧客回りの情報をZohoで一元管理可能	・MAを専門としたデジタルツール ・CRMやSFAといった関連するツールによる制限がない ・B to C、B to B共に活用事例がある ・顧客とのエンゲージメントを重視している	・CRM、SFAにて世界シェアNo.1のSalesforceとシームレスな連携が可能 ・高機能であり、できることが非常に多い ・B to Bビジネスに特化
初期費用	無料 ※仕組み構築にあたり、一部開発の余地あり	要見積り	ー ※仕組み構築にあたり、一部開発の余地あり
月額費用	エンタープライズ:167,184円/年 プロフェッショナル:76,464円/年 ベーシック:24,624円/年	要見積り	Growth:150,000円/月 Plus:300,000円/月 Advanced:480,000円/月
外部連携例	・Zoho社のツールとの連携が可能 ・API連携が可能であり、多くのデジタルツールとの連携が用意されている。	・多くのCRM、SFAといった既存ツールとの連携が可能	・Salesforce社のCRM、SFAを始めとした各ツールとシームレスな連携が可能
導入実績	大手企業含む7,000社以上の導入実績	世界39か国、B to C、B to Bを問わず6,000社以上の導入実績	シェア20%を超える導入実績。世界、国内共にシェアNo.1

(251ページ参照)

(2021年6月現在)

8-3 デジタルツール導入で注意すべき点がわからない
▶導入チェックリスト

「デジタルツールを導入する際に、何に注意したらいいのかわからない……」

前項の比較表で導入するデジタルツールの候補を2〜3個に絞ったら、このチェックリストでそれぞれチェックし、実際に導入するツールを決めるとよいでしょう。2つ以上満足するチェックがない場合は要注意です。

①クラウド

クラウドの大きなメリットは、インターネットにさえつながっていればどこでも使える点とユーザー同士で共有がしやすい点です。最近のデジタルツールはクラウド型が多いですが、導入しようとしているツールがクラウド型かどうかはチェックしておく必要があります。

②モバイル

スマホやタブレットなどのモバイル端末で利用できるかどうか、この点も重要です。モバイル対応していないと出先などでの入力が面倒になります。入力が面倒なツールは使われなくなります。

③シンプル

シンプルで使いやすいこと、デジタルツールを使いこなせるかどうかはこの点にかかっていると言っても過言ではありません。多機能でも使いこなせなければ意味がありません。

④実績

実績が少ないツールを選択するのは注意が必要です。やはり実績が多いということは、それだけ選ばれる理由があるということです。また、同じような企業規模、業種での実績数を確認しておくとよいでしょう。

⑤コネクティビティ（接続性）

　デジタルツール同士が接続できないとリアルタイム経営が実現できません。二重入力などの原因にもなります。APIでの接続が可能かどうかチェックしておきたいところです。

⑥サポート

　サポートが充実しているか、オンボーディングを行ってくれるか。デジタルツールを使いこなすためにはサポートは重要です。多少価格が高くてもサポートが充実しているツールを選びたいものです。

⑦セキュリティ

　セキュリティ対策は重要です。どのようなセキュリティ対策を行っているのか、どのようなレベルで行っているのか、チェックしておきましょう。

デジタルツール導入のチェックリスト

No	カテゴリ	チェック項目	チェック
1	クラウド	クラウド対応になっているか？	☐
2	モバイル	モバイル対応になっているか？	☐
3	シンプル	シンプルで使いやすいか？	☐
4	実績	実績は多いか？	☐
5	コネクティビティ	API接続は可能か？	☐
6	サポート	サポートは充実しているか？	☐
7	セキュリティ	セキュリティ対策はしっかりしているか？	☐

ベンダー選びの注意点がわからない
▶ベンダーチェックリスト

「ITベンダーを選定する際に、何に注意したらいいのかわからない……」

ITベンダーを選定する際には複数の候補から自社に合った1社に絞り込む必要がありますが、その際にこのチェックリストを使うとよいでしょう。

①全体最適の提案

会社全体の相談に乗ってくれるか、全体最適の視点でアドバイスをくれるか。この点はとても重要です。ITベンダーにはそれぞれ得意分野があるので、それを見極める必要があります。

②業績アップへのコミット姿勢

システムを導入しても、業績が上がらなければ意味がありません。もちろん、ITベンダーだけの問題ではありませんが、業績アップにコミットする姿勢があるかどうかは確認しておきたいところです。

③中堅・中小企業での実績

大手企業の導入実績は安心材料になりますが、実際には中堅・中小企業でどれだけの導入実績、成功事例があるかチェックしておきたいです。大手企業では使いこなせても、中堅・中小企業には合わないシステムもあります。

④投資対効果の算出

「ざっくりでいいので投資対効果を算出してもらえませんか?」と頼んでみてください。対応してくれないベンダーは要注意です。投資対効果が出ないことがわかっているか、投資対効果の意識が低いと言えるでしょう。

⑤不必要なシステム開発の提案

必要とは思えないシステム開発の提案になっていないかチェックが必要で

す。ITベンダーはシステム開発が儲けの源泉なので、必要以上なものを提案してくるケースがあります。

⑥業績の推移

　提案してくるITベンダー自体の業績は伸びているかどうか確認しましょう。業績が伸びていないとしたら、なにかしら問題を抱えているかもしれません。できれば伸びているITベンダーとお付き合いしたいものです。

⑦現場主義

　DXを成功させるためには、経営者と現場に寄り添って動いてくれるITベンダーとのお付き合いが鍵になります。そのような姿勢と実行力があるITベンダーか確認しておきましょう。

ベンダー選びのチェックリスト

No	カテゴリ	チェック項目	チェック
1	全体最適の提案	全体最適の視点で提案してくれるか？	☐
2	業績アップへのコミット姿勢	業績アップにコミットする姿勢があるか？	☐
3	中堅・中小企業での実績	中堅・中小企業で多くの実績があるか？	☐
4	投資対効果の算出	投資対効果の算出をしてくれるか？	☐
5	不必要なシステム開発の提案	必要と思えないシステム開発の提案をしてこないか？	☐
6	業績の推移	ITベンダー自体の業績は伸びているか？	☐
7	現場主義	経営者と現場に寄り添ってくれるか？	☐

8-5 DXを進めるのにどんな体制を組めばいいかわからない
▶DX推進体制図

「DXを進めるにあたりどのような体制を組んでいいのかわからない……」

DXを推進する上で組織は非常に重要です。どのような体制でどのような人材を集め、どのような役割を与えるのかを明確にする必要があります。社長がどれだけトップダウンで号令をかけても、体制が整っていないとうまくいきません。

DXを推進する部署と体制

DXを推進する際には、「**DX推進室（仮称）**」といった部署の設置と体制作りをおすすめします。この組織の長は、**CDO（Chief Digital Officer：最高デジタル責任者）** になります。CDOは、企業のデジタル戦略とビジョンを考え、実現のためのDXプロジェクトを推進するプロジェクトマネージャーです。具体的には、プロジェクトの目的設定、業務プロセスの洗い出し、デジタル化の設計図（DXジャーニーマップ）作成、導入するデジタルツールの選定、導入のための要件定義などを行います。CDOはデジタル戦略の最高責任者ですから、役員並みの権限を与える必要があります。その上には、**プロジェクトオーナーとして社長が存在**しています。

組織の規模にもよりますが、CDOの下に**プロジェクトメンバー（DX推進担当）** を配置し、デジタルツールの導入およびデジタルを活用した業務改革を進めていきます。3人1チームくらいからのスタートがよいでしょう。最初は兼務でかまいません。プロジェクトメンバーは、デジタルツールを使いこなすとともに、kintoneのようなツールを活用して業務改革のためのちょっとしたアプリ開発を行い、RPAを活用した業務自動化なども進めていきます。

社内にエンジニアは必要か？

プロジェクトメンバーは、必ずしもITに詳しい人でなくて大丈夫です。最

近はノーコード開発の技術が進み、プログラミング知識がなくても簡単にアプリが作れるようになっています。エクセルが使えて、好奇心旺盛で勉強好きであれば問題ありません。エンジニアの採用はなかなか難しいので、**社内で育成する**ことを考えていきましょう。

DX推進体制図

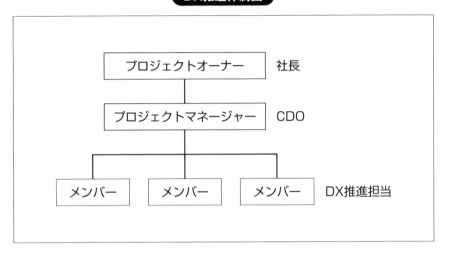

名称	役職	役割
プロジェクトオーナー	社長	・意思決定
プロジェクトマネージャー	CDO（最高デジタル責任者）	・企業のデジタル戦略 ・ビジョン作り ・DXプロジェクトの推進
プロジェクトメンバー	DX推進担当	・デジタルツールの導入 ・デジタルを活用した業務改革

8-6 既存システムからの移行をどうしていいかわからない
▶システム移行チェックリスト

「既存システムが古くなってきたのでリプレイスしたいが、どのように進めていいのかわからない……」

システムを導入してから10年以上経ってくると、いろいろと問題が発生してきます。また、経済産業省がDXレポートで「2025年の崖」問題として指摘したように、多くの企業で2025年までに古くなった基幹システムを新しいシステムに移行する必要があります。また、DXに合わせてシステムをリプレイスする必要も出てきます。

しかし、ここで注意したいのは、すべてのシステムを本当に移行する必要があるのかということです。COBOLのような古いプログラミング言語で書かれていたり、システムの保守に対応できる人材が不足していたりする場合は移行する必要がありますが、そうではない場合は無理に移行する必要はありません。

まずは移行する目的を明確にする必要があります。次に課題の整理を行います。今のシステムでは本当に実現できないのか、改めて考えてみましょう。その上で、やはり移行が必要であれば、次の手順に沿って、移行します。

システム移行の手順

1. 目的の明確化
2. 課題の整理
3. 移行プロジェクトの立ち上げ
4. 移行すべきデータの整理
5. ITベンダーの選定
6. 移行プランの作成
7. 移行作業の実施
8. テスト・確認

　移行プロジェクトを甘くみてはいけません。移行プロジェクトがうまく進まず、問題発生によりシステムが復旧しない場合、最悪すべてのデータが消えてしまうこともあります。そのような事態を防ぐためにも、しっかりと計画を立て移行プロジェクトを成功させましょう。

システム移行チェックリスト

No	カテゴリ	チェック項目	チェック
1	目的の明確化	何のために移行するのか目的は明確か？	☐
2	課題の整理	移行の際の課題は整理できているか？	☐
3	移行プロジェクトの立ち上げ	移行のための体制は整っているか？	☐
4	移行すべきデータの整理	新システムに移行すべきデータは整理できているか？	☐
5	ITベンダーの選定	移行を依頼するITベンダーの選定はできているか？	☐
6	移行プランの作成	ITベンダーとともに移行プランが作成できているか	☐
7	移行作業の実施	移行作業の手順は明確になっているか？	☐
8	テスト・確認	テスト項目や手順は明確になっているか？	☐

AIを活用したいがどうしていいかわからない
▶AI活用マップ

「AIを業務で活用したいと思っているが、どうしていいのかわからない……」

AIというと非常に高度で高価なものと思いがちですが、第7章の事例のように中堅・中小企業でも活用が進んでいます。

スモールAIという考え方

中堅・中小企業がAIを有効活用するためのポイントは、「スモールAI」という考え方です。AIが使える業務は多岐にわたりますが、ピンポイントな業務で活用していくほうが効果的であり、費用も抑えることができます。

AI活用マップ

例えば、製造業の場合、右図のとおり様々な工程がありますが、その工程ごとにAIを活用することができます。「見積AI」、「制作指示AI」、「生産計画AI」、「検査AI」など。このようにピンポイントの業務で活用するAIのことを「スモールAI」と呼び、どの工程でAIが使えるかを整理したものが「AI活用マップ」になります。この全部を行うのではなく、自社にとって効果的な部分で活用します。

データを握った者がビジネスを制する

AIを活用する場合、データの蓄積がポイントになります。データが多ければ多いほど、精度の高い予測や最適化提案が可能となります。精度の高い見積りには、過去の見積データや受注実績データなどが、精度の高い生産計画には、過去の生産計画データや生産実績データなどが必要になります。

それらのデータを、アマゾンのAWSやGoogleのビッグクエリなどのデータウェアハウスやデータレイクに貯めることで、より精度の高い結果を得ることができ、精度の高い経営ができるようになります。

　まさに、データを握った者がビジネスを制する時代になると言えるでしょう。

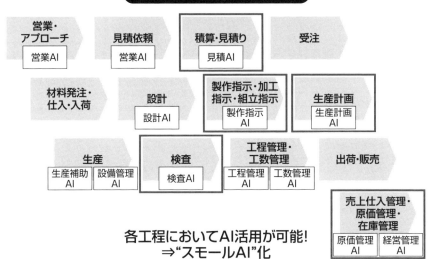

AI活用マップの例（製造業版）

各工程においてAI活用が可能!
⇒"スモールAI"化

8-8 誰に相談していいかわからない ▶相談先チェックリスト

「こういうとき、誰に相談していいのかわからない……」

　DXといっても様々な分野があり、誰にどういう相談をしていいかわからないことは多々あるかと思います。DXを進める際には、分野ごとに詳しい専門家がいるので、上手に相談しながら進めることがポイントです。

①経営にDXを取り入れたい

　経営の話となると、当然経営にもデジタルについても詳しい人でないと相談してはいけません。デジタルを活用して、経営効果が上がっている実績や事例を持っている人に相談しましょう。DXの導入事例はあっても経営効果が上がっていない場合は要注意です。

②Webサイトをリニューアルしたい

　Webサイトをリニューアルする場合は、一般的にはWeb制作会社に依頼します。Webサイトの目的にもよりますが、Webサイトからの集客を増やしたい、問い合わせを増やしたいという目的であれば、Webマーケティングにも長けたWeb制作会社を選びたいところです。

③デジタルマーケティングを実践したい

　Webマーケティングとデジタルマーケティングは近い言葉ですが、デジタルマーケティングはWebマーケティングを包含する概念です。WebサイトやWeb広告に加えて、MA（マーケティングオートメーション）やSNSの活用まで分野が広がります。この場合、Web制作会社というよりは、テクノロジーに強い広告代理店やマーケティングに強いIT企業のほうが相談相手として適しています。

④システムを導入したい

　システムは、大きく２つに分類されます。CRMなど顧客まわりの情報系システムと、会計や販売管理などの基幹系システムです。それぞれ得意とするITベンダーが違うことが多いので注意が必要です。情報系システムと基幹系システムのどちらに強い会社なのか、もしくはどちらにも強い会社なのか確認する必要があります。

DXを進める際の相談先チェックリスト

No	カテゴリ	相談相手	チェック項目	チェック
1	DX経営	経営もデジタルもわかるコンサルタント	デジタル活用で経営効果が上がっている実績や事例を持っているか？	☐
2	Webサイト	Webマーケティングにも長けたWeb制作会社	Web集客や問い合わせ増加のノウハウを持っているか？	☐
3	デジタルマーケティング	テクノロジーに強い広告代理店　or　マーケティングに強いIT企業	MAやSNS活用の実績や事例を持っているか？	☐
4	システム導入	情報系に強いITベンダー or 基幹系に強いITベンダー	自社が導入を考えているシステムに強みを持っているか？	☐

DXで使える補助金・助成金の例

　自社が使える補助金・助成金の情報は、Column1で紹介した情報サイトなどで調べていただければわかりますが、ここでは、どんな補助金・助成金があるのかイメージをつかんでいただくために、最近募集された補助金の例を挙げておきます。いずれも2021年公募分の例で、今後も募集があるか、またその内容がどうなるか等は不明です。

①IT導入補助金※現在公募終了
ITツールの導入にかかる費用に対して補助されるものです。対象となるツールは登録されているITツールに限られます。
・補助額：30万円〜450万円（類型などによって異なる）
・補助率：1/2〜3/4（類型などによって異なる）
・Webサイト：https://www.it-hojo.jp/

②ものづくり補助金（ものづくり・商業・サービス生産性向上促進補助金）
新しい商品やサービスの開発にあたっての設備投資などに幅広く活用できる補助金です。
・補助額：1000万円 ・補助率：1/2〜3/4（企業規模や申請する事業内容によって異なる）
・Webサイト：https://portal.monodukuri-hojo.jp/

③事業再構築補助金
企業の思い切った事業再構築を支援する補助金です。
・補助額：100万円〜1億円（企業規模や枠によって異なる）
・補助率：1/2〜2/3（企業規模や枠によって異なる）
・Webサイト：https://www.meti.go.jp/covid-19/jigyo_saikoutiku/index.html

Column

第**9**章

失敗しない
DXプロジェクトの進め方

9-1 DXは計画も実行も難しい

　これまでの章では、DXの概要やDXジャーニーマップの作り方、デジタルツールの選び方などを述べてきました。最後の第9章では、中堅・中小企業がDXに取り組むにあたっての進め方やポイントをご紹介します。

DXに取り組みたくても「わからない」ことばかり

　「ウチの会社もDXが必要だよね」や「DXのおすすめのデジタルツールはこちらです！」のように、DXという言葉は身近なものになりましたが、計画を立てたり実行したりしようと考えても「わからない」という声をよく聞きます。そして、経営者も従業員の方々も先を見通すことができず、一歩も踏み出すことができない状態になってしまいがちです。

経営者にとっての悩み

- DXに取り組みたいが、何から始めればいいかわからない
- システムに投資をしたとして、どれくらい効果があるかわからない
- 戦略的にDXを推進する人材がいない

DXを推進する担当にとっての悩み

- DXにより何を目指せばいいかわからない
- どのように取り組みを進めればいいかわからない
- 取り組みを誰と行えばいいかわからない

従業員にとっての悩み

- 現場で仕事をする人にとっては、自分たちへの影響が想像できない
- 仕事がなくなるのではという不安
- 面倒な取り組みが始まるという不信感

わからないこと＝不確実性に対するアプローチ

　DXについて「わからない」人がいるということが、一番の課題になります。そのため、DXを推進するためには、計画や実行の段階において、**関係者全員のわからないことである不確実性を減らすことが重要**になります。

　不確実性は戦略、戦術、運用の3つの階層に分けることができます。そして、そのそれぞれの階層で関わる人のわからないこととしてまとめることができます。

そして、これらの不確実性をなくすには、それぞれの階層での取り組みはもちろんのこと、その内容を役職の壁を越えて縦の共有を行うこと、組織や役割分担の壁を越えて横の共有を行うことにより、全社一体となって「わかる」という共通認識を作ることが大切になります。

　その共通認識を作るための方法がDXジャーニーマップになります。

全体最適で共通認識を作るポイント

　企業活動全体を俯瞰して、業務プロセスやデジタルツールなどを整理し、デジタルシフトの設計図としてまとめたものがDXジャーニーマップになりますが、これを描く際に全体最適の視点で共通認識を作るポイントについてご説明します。

3つの視点で共通認識を作る

　3つの視点とは、「人・組織」、「業務プロセス」、「デジタルツール」です。「誰が」、「何を使って」、「どのように行う」という基本的なことですが、1人で行う場合ならともかく、企業全体で取り組もうとすると、関係者それぞれの認識がバラバラだったり、仕事の方法が複雑だったりするなど、当たり前のことが難しくなります。例えば、「営業部が、名刺管理ソフトを使って、名刺情報を一元管理する」場合にも、組織として複数の人の合意が必要となり、素直に利用をはじめてくれる人もいれば、これまでのやり方に固執し、抵抗を示す人もいます。そのためにも、関係する人の共通認識に対する納得が求められます。

　共通認識を作るためには、これまで自分が行ってきた業務に改めて向かい合うとともに、それを他の人に伝えること。また、他の人の業務や考え方の理解に努め、自分事として気付くことが必要です。

3つの視点で共通認識を作るポイント（詳しくは○〜○ページ）

人・組織
- ✓ 企業が一体化するための目標を作る。
- ✓ 社内外の利害関係者を認識する。

業務プロセス
- ✓ 業務のつながりを見えるようにする。
- ✓ KGI（重要目標達成指標）とKPI（重要業績評価指標）を設定する。

デジタルツール
- ✓ 社内のシステムを俯瞰して見る。
- ✓ デジタルツールの課題はどこにあるか確認する。

9-3 人・組織における共通認識

戦略を描く際の共通認識を深める3つの視点として、まずは「人・組織」のポイントを確認していきましょう。

企業が一体化するための目標を作る

DXを効果的にするには、目の前にある業務を効率化するだけでなく、新たな顧客体験の提供や業績の向上など、これまでの仕事のやり方から一歩踏み出すための取り組みが必要になります。

そのためには、改めて**企業が進むべき方向性を定め、全社一体となる必要**があります。この目標が曖昧だったり、関係者の認識がぶれたりしてしまうと、目指すべき方向性を見失い、本来の目標とはまったく異なる取り組みになってしまいます。改めて全社で共通となる軸を作ってください。

目標の例
- 人時生産性の向上
- リアルタイム経営の実現
- 顧客体験の向上

目標はだれが作るのか

目標を作る際に中心となる人物は必要ですが、**誰か1人が作ったものを共有するのではなく、全員が考えるというプロセスが必要**です。最終的な方針決定は経営者が行いますが、それ以外にも中堅社員や管理職など将来企業を担うべき人材が自社の現状を把握し将来像を描くことや、パートやアルバイトの方なども含め、現場目線から考えられることを吸い上げるなど組織や役職の壁を越えて全員で考えることが重要です。

トップダウン、ミドルアップダウン、ボトムアップのどれも必要

- トップが方針を示す
- 中堅社員、管理職が未来を考える
- 現場発信の意見を取り入れる

また、**立場を超えて共通認識を作るためのおすすめの方法がワークショッ**プです。詳細は第4章に記載していますが、丸1日などまとまった時間を取り、職場や役職を超えた参加者を集め、それぞれの立場を超えて、ワイワイガヤガヤと企業のこれから、自分たちのこれからを話し合ってください。

社内外の利害関係者を認識する

「人・組織」のもう1つのポイントが、**利害関係者をしっかりと認識する**ことです。「企業全体の中で、あなたはどこにいるのですか？」。また、「どのような人と仕事を行っているのですか？」と質問すると、自分の行ってい

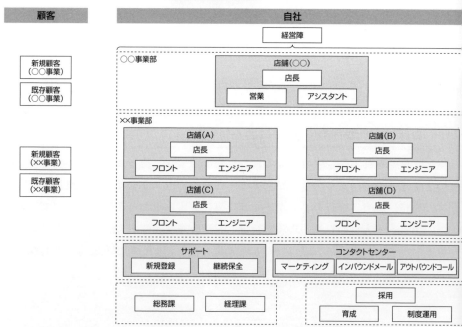

利害関係者図

ることに対してはすぐに答えることができますが、一緒のチームで働いている人のことについてはまったくわからないということがあります。それでは、DXに取り組む際に共通認識を作ろうと思っても、そのとっかかりすらできません。

　今の仕事は誰と行っているのか、それぞれの組織はどのように構成されているか、またどのような外部の人たちと関係しているかを書き出してみてください。そうすると今まで曖昧になっていた、役割やコミュニケーションのつながり、影響を受ける先などが浮かび上がります。そして、その全体像をイメージして関係する人たち全員が幸せを目指せる目標を立てましょう。

自分たちの仕事は誰と行っているか？

- 自社の組織はどのようになっているか？
- どのような顧客と接しているか？
- 外部の関係者・パートナーはどこか？
- 事業部ごとに詳細化すると？

関係者

関係先(○○事業部)

| ○ ○ | ○ ○ |
| ○ ○ | ○ ○ |

関係先(××事業部)

| × × | × × |
| × × | × × |

関係先(◆◆)

| ◆ ◆ | ◆ ◆ |

関係先(□□)

| □ □ | □ □ |

関係先(★★)

| ★ ★ | ★ ★ |
| ★ ★ | ★ ★ |

業務プロセスにおける共通認識

共通認識を作るための2つ目の視点として、「業務プロセス」の視点をご説明します。

各プロセスの分析とともに全体最適も忘れない

「人・組織」の視点では、ビジネスを行う上で登場する利害関係者の洗い出しを行いましたが、「業務プロセス」の視点では、それぞれの業務内容を洗い出していきます。

洗い出しの際のポイントは、虫の目と鳥の目の両方で見ることです。虫の目とは、観察すべき対象に近づき様々な角度から物事を見ることです。例え

業務一覧の例

ID1	業務プロセス	ID2	アクティビティ	アクティビティの詳細／課題／要望
1	店舗の小口精算入力	1	伝票の受取	【詳細】店舗より、ペーパーや領収書などの実伝票が郵送される（週に一回）。
		2	伝票情報の入力	【詳細】伝票情報を会計システムに入力する。
		3	入金情報の確認	【詳細】CRMの入金情報と会計システムの情報を突合する。
		4	入力不備の修正	【詳細】CRMに不足分を入力する。
2	振込入金の振分	1	入金データの確認	【詳細】当日の入金データを、金融機関のHPよりPDFでダウンロードし、チェックする。
		2	対象顧客の確認	【詳細】CRMで対象顧客を確認する。
		3	入金情報の入力	【詳細】会計システムとCRMに入金情報の入力をする
3	普通預金の引き落とし、入力（請求書の処理）	1	掛取引の入力	【詳細】売掛金、買掛金を入力する。 【詳細】対象顧客の支払いの仕訳を行う。
		2	売掛残の突合	【詳細】CRMと会計システムの売掛残を一致させる。 【詳細】売上や仕入れは、CRMが正。入金情報などは、会計システムが正。 【詳細】整備の場合、伝票番号。車両の場合、得意先番号で一致させている。
		3	買掛残の突合	【詳細】CRMの買掛残と会計システムを一致させる。
4	ローンの清算入力	1	入金明細の受領	【詳細】ローン会社から入金明細が届く（WebやFax）。 【詳細】CRMにはローン情報の入力ができない。
		2	入金情報の入力	【詳細】会計システム
		3	キックバック金額の計算	【詳細】ローンのキックバックの手数料を計算（Excel）する。
		4	キックバック金額の入力	【詳細】会計システムに金額を入力する。

ば、会社を構成する営業部や総務部など、それぞれの部に対して業務プロセスの分析を行っていきます。

業務プロセスを洗い出す方法の一例は、以下のとおりです。

1．大まかに業務プロセスを洗い出す
2．洗い出した業務プロセスを細分化する
3．それぞれの作業詳細を確認する
4．それぞれの作業における課題や理想を確認する
5．それぞれの作業について、どの役割の人が、どんなデジタルツールを利用して、どれくらいの頻度で、どの程度の時間をかけているかを確認する

そして、**虫の目で細かな分析を行う**とともに、**鳥の目で会社全体を俯瞰して業務プロセスのつながりを見ていきます。**

デジタルツールの詳細／課題／要望	担当	利用システム	作業頻度
【課題】リアルタイムでのお金の流れは共有されていない。 【課題】人によって対応スピードがバラバラ。 【要望】各店舗にて、Excelなどで情報を共有して貰えれば、即時対応が可能になる。しかし、車販はアシスタントがいるが、サービスはいないので、店舗では対応できない。	小口現金管理	—	毎日行っている 月間130時間
—		会計システム	—
—		CRM、会計システム	—
—		CRM	—
【課題】顧客の登録が遅い場合、入力できない（アシスタントが遅い）。1週間前の受注が上がっていない。 【課題】車販の販売の注文明細は残っているが、顧客のコードや管理番号がないと入力できない。	振込入金管理	金融機関HP	毎日：30分くらい
—		CRM	—
【課題】システム連携はしていないので、二つとも入力する必要がある（全て手入力）。		会計システム、CRM	—
【課題】売上と仕入の情報が変遷することがある（現場の人がCRMの情報を修正する）。最近は締め処理を行うようにしている（よく月末までOK）。もし、変遷されたことに気づかない場合、情報の修正が漏れてしまい、入金情報があってから気付くことがある。	普通預金管理	会計システム、CRM	毎日：1日
		会計システム、CRM	—
【課題】職人技で行っている。CRMのデータに信頼性がない。自由に入力できるから。			
—		会計システム	—
【課題】営業は、ローンの実績を確認することができず、Excelの集計表を見ないとわからない。そのため、自分たちで粗利の計算が見れない。	ローン清算管理	—	毎日 集計は月1回
—		会計システム	—
—		会計システム、Excel （車販の営業の成績）	—
—		会計システム	—

先ほどの虫の視点で洗い出したそれぞれの事業部で行っている業務プロセスでは他の事業部とどのような共同作業が発生しているか。また、どのような情報の伝達が必要なのか。そして、相互の業務における影響などを把握します。一部門だけに焦点を当てた部分最適ではなく、企業全体を俯瞰した全体最適を実現するための確認を行いましょう。

KGI（重要目標達成指標）とKPI（重要業績評価指標）を設定する

　第4章でもKGIやKPIについて触れましたが、KGIでは全社の目標とする指標、KPIではそれぞれの業務プロセスの指標を定め、目標を達成するための構造化をする必要があります。

　　例）〇全社
　　　　KGI：人時生産性（＝粗利÷総労働時間）
　　　　　　　粗利＝ 売上－原価
　　　　　　　総労働時間
　　　〇営業部
　　　　KPI：集客プロセス：セミナー開催数、名刺獲得枚数
　　　　　　　営業プロセス：売上、顧客数、顧客単価
　　　　　　　その他：労働時間
　　　〇総務部
　　　　KPI：その他：労働時間

　「業務プロセス」の視点では、それぞれの業務を明確にするとともに、全社としての最適化を検討してください。

9-5 デジタルツールにおける共通認識

最後に、「デジタルツール」の視点を説明します。こちらの視点では、企業全体のシステムを俯瞰して見るポイントについて確認していきましょう。第4章でもデジタルツールについて触れましたが、少し詳しくご説明します。

利用しているデジタルツールをすべて洗い出す

まずは、会社で利用しているデジタルツールをすべて一覧にまとめてみましょう。どのような用途で、どれくらいの費用がかかっているかをまとめます。費用をまとめる際には、**初期費用とランニング費用、そして利用している人数**をまとめましょう。

初期費用＝デジタルツールの導入や開発にかかった費用
ランニング費用＝デジタルツールの利用にかかる費用（デジタルツールにの継続的な利用にまつわるサポート費用なども含める）

全社で共通して利用するデジタルツールとして情報システム部門や総務部などが導入を行ったものに加えて、**各部門が独自に導入した**ツールが発見されることがあります。全体最適で考えたときには、各部門の部分最適で導入されたツールが、情報の二度打ちによる作業負荷増加や情報の一元管理を阻害する要因になることがあります。また、管理が各部門で独自に行われているため、会社としての統制をかけることが難しくなります。

そのため、まずは企業活動を支えているデジタルツールをすべて一覧化し、費用や管理者などが見えるようにしましょう。

システム間の連携やデータのつながりを見える化する

洗い出したデジタルツールは、業務で利用する際にはどのようにつながっているでしょうか。すでにシステム間で自動連係される仕組みが作られてい

ることもありますが、情報を転記する作業を人が行っていることもあります。これらのつながりと、つなげる方法を可視化しましょう。加えて、デジタルツールの間でやり取りする情報は、どのようなデータ（顧客、お金、コミュニケーション情報……etc.）間でのつながりが必要か把握しましょう。

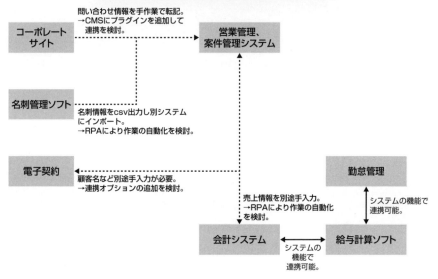

導入済デジタルツールのつながりを可視化

コーポレート
サイト

問い合わせ情報を手作業で転記。
→CMSにプラグインを追加して
連携を検討。

営業管理、
案件管理システム

名刺管理ソフト

名刺情報をcsv出力し別システム
にインポート。
→RPAにより作業の自動化を検討。

電子契約

顧客名など別途手入力が必要。
→連携オプションの追加を検討。

勤怠管理

システムの機能で
連携可能。

売上情報を別途手入力。
→RPAにより作業の自動化
を検討。

会計システム

システムの
機能で
連携可能。

給与計算ソフト

課題はデジタルツール自体か？　扱う人か？

　すべてのデジタルツールを洗い出し、つながりを見える化した後は、そのデジタルツールが本当に活用できているかを確認しましょう。第4章でも触れましたが、「デジタルツールが使えない」という言葉には、デジタルツール自体に起因するものと利用者自身に起因するものの2つがあります。今あるツールを入れ替えることなく、正しい操作方法を覚えたり、機能をしっかりと使いこなすためにスキルを上げるトレーニングを行ったりしたほうが、コストを抑えてより効果を上げることができるかもしれません。

　「使えない」という曖昧な言葉ではなく、何が本質なのかを見極め、何が使えないのかがわかるようにしましょう。

例）「デジタルツールが使えない」への対策

高機能すぎて使いこなせない⇒自社が使いこなせるツールを選ぶ

正しい操作を知らない⇒操作方法を周知し、理解促進を徹底する

現場と推進側が共通認識を持つことからはじめる

DXを推進する担当

【心の声】
ウチは、デジタルツールが使えていない…

共通認識を作る

従業員

【心の声】
● しっかりと操作説明もないまま導入されても
　よくわからない。
● 現場の業務に合っていないので使いづらい。
● デジタルツールを入れ替えて何が変わるの？

9-6 DXジャーニーマップを作成する

　会社がDXに取り組むにあたっての不確実性を減らして共通認識を作るための視点として、「人・組織」、「業務プロセス」、「デジタルツール」をご紹介しましたが、これらの視点で見てきたことを戦略として「DXジャーニーマップ」に描きます。

DXジャーニーマップ作成のステップ

　作成の流れは以下のとおりです。作成期間の目安としては2か月くらいで進めていきます。各作業の詳細は、第4章に記載しましたが、大きくは7つのステップから構成され、これらの検討を行い、全体最適の視点で共通認識を作ります。

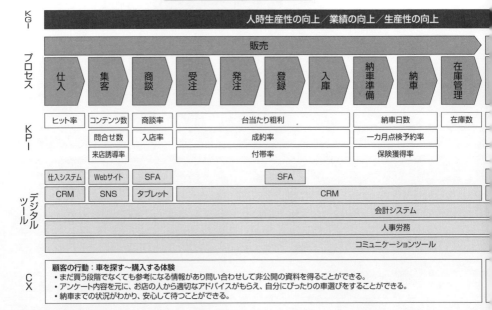

DXジャーニーマップの例

226

1．全社的なKGI（目的、ゴール、思い）を設定する
2．業務プロセスを洗い出す
3．業務プロセスごとに注力すべきKPIを設定する
4．業務プロセスごとに導入すべきデジタルツールを整理する
5．デジタル化した際の新たなCX（顧客体験）を検討する
6．どのプロセスでデータが途切れてしまうか確認する
7．データを連携させる方法（API、RPAなど）を検討する

DXジャーニーマップにまとめた後は？

いったんDXジャーニーマップとして描いた後は、関係する人全員に周知し、レビューをしてもらいます。目指すべき方向性は本当にこれでいいのか、今ある課題に対しての対策は問題ないか、また、全体最適になっているかなどを、徹底的に議論し、必要であれば、DXジャーニーマップを作り直し、精度を高めましょう。そのようにしてはじめて、全員の共通認識に基づいた戦略を手に入れることができます。

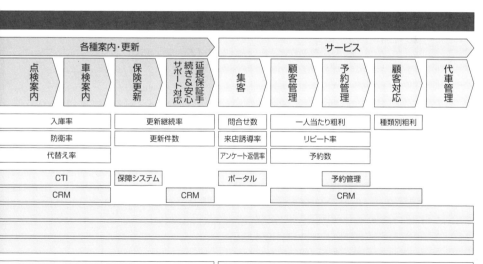

実行する組織を作る

　DXを目指すための戦略として「DXジャーニーマップ」を作り、会社の共通認識を作ることができました。しかし、それだけでは次の実行の段階に移ることはできません。描いた戦略を実現するためには、誰が先頭を切って推進させるかを決めるとともに、全員が当事者意識を持つ必要があります。

DXを推進する人物・組織を作る

　DXという新たな取り組みを始めるためには、まずは旗振り役になる人を立てる必要があります。中小企業や中堅企業においては、社内にデジタルに詳しい人材がいないケースも多いですが、**CDO（Chief Digital Officer＝最高デジタル責任者）を専任者として任命**しましょう。

　また、それと同時に取り組みを実現するための組織を作る必要があります。**情報システム部門のような守りの役割だけでなく、DXを推進するための攻めのチームを構築**しましょう。

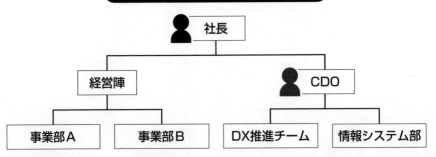

DX推進部門の組織としての位置づけ

全社一体の巻き込み方

　DXを推進するための人と組織は作りましたが、その次に全社員の取り組みへの協力が必要になります。DXを行うにあたり、業務プロセスや作業内容がこれまでのものから変わることもありますし、今まで使っていたデジタルツールを変えることもあります。そのときに社員1人ひとりが納得してくれなければDXに対する「抵抗」が生じてしまい、DX全体にもマイナスの影響を及ぼしてしまいます。

　そのため、DXを進めるにあたって社員全員に自分事として捉えてもらうためにも、**一方的な情報発信ではなく全員が参加するためのコミュニケーションや施策**を積極的に行っていきましょう。

　　例）「わからない」を解決する施策
- 全体最適ワークショップ、社員向け説明会など
- 現場の若手をDXメンバーとして加える

　どんな素晴らしい戦略も、実行するのは人です。ぜひ、しっかりと取り組むための体制を作りましょう。

9-8 投資対効果を試算する

　戦略の最後のテーマとして、投資対効果を試算しましょう。これまで描いてきた戦略はどれくらいの効果がある戦略でしょうか。また、それを実現するためにはどれくらいの費用がかかるのでしょうか。本当に効果が出るDXを実現するためにも、しっかりとシミュレーションを行いましょう。

KGIとKPIへのインパクトを試算する

　DXジャーニーマップを作成する際に、売上や総労働時間、人時生産性などのKGIを定め、KGIを構成するKPIを決めましたが、DXで業務プロセスやデジタルツールを変えることにより、それぞれの数字にはどのような変化があるのでしょうか。

KGI
売上＝客数×客単価

KPI
- 客数＝Webサイトアクセス数（集客プロセス）×コンバージョン率（集客プロセス）×商談率（営業プロセス）×受注率（営業プロセス）
- 客単価＝購買回数（営業プロセス）×1回当たりの購買金額（営業プロセス）

　例えば、売上をKGIとして定めたときに、KPIは上記のとおりです。そして、仮にしっかりとした商談管理を行うためにSFA（営業管理システム）を入れ替えた際に、商談率や受注率にはどれくらいの向上が見込まれるでしょうか。

　また、結果として客数はどれくらい増え、最終的な売上の増加はどれくらいになるのでしょうか。取り組みを行うことでの効果を試算することで、本

当に効果のある取り組みかどうかを判断し、「デジタルツールを入れ替えたが失敗した」ということを防ぐことができます。

売上・粗利シミュレーションの例

		現在		1年後		2年後
売上高	円	¥104,160,000		¥115,500,000		¥133,000,000
成長率	%	0.0%		10.9%		15.2%
原価（原価率）	円	¥31,248,000	30.0%	¥36,750,000	31.8%	¥39,900,000
粗利（粗利率）	円	¥72,912,000	70.0%	¥78,750,000	68.2%	¥93,100,000
成長率	%	0.0%		10.9%		15.2%
販売費、及び一般管理費（販管費率）	円	¥61,975,200	59.5%	¥66,937,500	58.0%	¥79,135,000
人件費（労働分配率）	円	¥51,038,400	70.0%	¥55,125,000	70.0%	¥65,170,000
販管費の増加率	%	0.0%		8.0%		18.2%
営業利益（営業利益率）	円	¥10,936,800	10.5%	¥11,812,500	10.2%	¥13,965,000
成長率	%	0.0%		8.0%		18.2%
従業員数	人	13		13		14
年間総労働時間（全社）	時間	27,482		27,482		31,836
削減率	%	0.0%		0.0%		−7.6%
人時生産性	円	¥2,653		¥2,866		¥2,924
一人当たり粗利	円	¥5,608,615		¥6,057,692		¥6,650,000

投資額はデジタルツール＋人で考える

　効果とともに投資額についても試算してみましょう。デジタル投資を考える際に、システムの導入費やランニング費用を検討しても、個々のデジタルツールの導入時やその後の運用や保守、DX推進の持続などにかかる人の労働時間や人件費の計算は行わないことがあります。

　中小企業や中堅企業の場合は専任のデジタル担当を用意できないこともありますので、社内の人員の異動や兼務を命じる必要があります。そのときに**現業からそのリソースを移動させる場合は、どれくらいの影響があるか、また、デジタル担当として業務を行う場合は、いくらかかるのかを試算**してみましょう。

　そして、KGIやKPIへのインパクトに対するデジタルツールと人のコストを元に投資対効果を計算します。デジタルツールはあくまで道具ですので、入れ替えたからすぐに効果が出るとは限りません。はじめのうちはなかなか結果を感じにくいこともあり、「ウチのDXは失敗した」と受け取られてしまうケースもあります。あらかじめしっかりと見通しを立て、将来的な結果を見据えての検討が必要になります。

投資回収シミュレーションの例

	単位	1年目	2年目	3年目	合計
増益	円	0	54,930,000	54,930,000	109,860,000
投資額合計	円	25,269,800	19,951,200	19,301,600	64,522,600
外部投資額	円	18,719,400	8,469,600	2,469,600	29,658,600
システム費用	円	10,019,400	2,469,600	2,469,600	14,958,600
初期導入費用	円	10,019,400	0	0	10,019,400
ランニング費用	円	0	2,469,600	2,469,600	4,939,200
ベンダー費用	円	8,700,000	6,000,000	0	14,700,000
プロジェクト支援	円	7,200,000	0	0	7,200,000
作業代行	円	1,500,000	6,000,000	0	7,500,000
内部投資額（人件費）	円	6,550,400	11,481,600	16,832,000	34,864,000
投資回収	円	−25,269,800	34,978,800	35,628,400	45,337,400
増益累積	円	0	54,930,000	109,860,000	109,860,000
投資額合計累積	円	25,269,800	45,221,000	64,522,600	64,522,600
投資回収累計	円	−25,269,800	9,709,000	45,337,400	45,337,400

9-9 DX実現のためのPDCAサイクルをしっかりと回す

　DXジャーニーマップで戦略を描いた後は実行に移ります。しかしながら、実行する際にも、乗り越えるべき「わからない」ことが多く発生します。不確実性を減らし確実に前に進めるためにはPDCAサイクルをしっかりと回す必要があります。

実行段階における不確実性の例

- 計画を実行してみると優先順位が変わってきた
- DXの成果が感じられない
- 今の状態が上手くいっているのかわからない
- 次に進むべき方向性がわからない

実行段階の不確実性を減らすために

　計画時だけでなく、実行においても全員の共通認識を作ることが確実にDXを進める上でのポイントとなります。経営者やDXを推進する責任者、また取り組みを行う担当者は、以下のテーマについて意識し、全社が一体となって取り組むための道標を絶えず掲げ続けてください。

DXを進めるためのPDCA

Plan
施策の優先順位を明確にする。

Do
成果につながる施策を確実に実行する。

Check
実行状況を把握するために、成果を見える化する。

Adjust
進むべき方向性を検討し、DXジャーニーを見直す。
※PDCAのAは通常Actionとされるが、ここでは「見直す」意味合いを明確にするために、Adjustとしている。

9-10 | Plan：施策の優先順位を明確にする

DX実行にあたってのPlanをご説明します。

まず取り組むことを決める

　DXジャーニーマップで描いた戦略には営業の強化やバックオフィスの効率化、はたまた、テレワーク環境の構築など様々なテーマがあると思います。それらをすべて同時に行うことは難しく、何から始めるのか、いつ頃を目処に現場定着させるのか等、**施策の優先順位をしっかりと定め、1つひとつ確実に取り組む必要**があります。

　DXという言葉に対して「新しいものに取り組まなければ！」という意識を持たれる方もいらっしゃると思いますが、いきなり一足飛びの取り組みでなく、きちんと地に足の着いた施策から取り組むことをおすすめします。まず取り組む施策としては、以下のような即効性のあるものがよいでしょう。

即効性のある取り組みの例

- RPAによる自動化＝DXジャーニーマップで洗い出したシステムへの入力やデータの移動などの人が行っていた定型作業の自動化
- BI（Business Intelligence）によるKGI、KPIの見える化＝設定したKGIやKPIが見えるようにするためのダッシュボードの開発。各種システムからデータを参照させ、リアルタイムに情報を見ることができる環境の構築

スモールスタート&焦らずじっくり進めていく

　現場に歓迎され、目に見えて効果のある取り組みを先行して行うことで、社内のDXに対する機運を高めます。そして、その後により大きな変更を伴うシステムの入れ替えや新しいデジタルツールの導入などを徐々に行ってください。

実行ステップの例

Step1：RPAによる自動化やBIによる見える化など

Step2：基幹システムの入れ替え、顧客接点の強化（SNS、MA）など

Step3：ビッグデータやAIの活用など

　また、取り組むべきテーマは下図のように、マーケティングとワークスタイルに分類することができます。

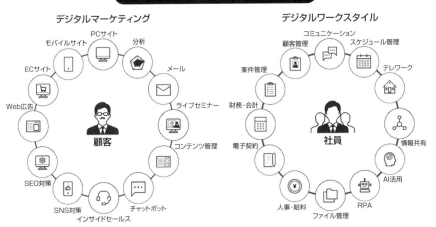

デジタル化に取り組むべきテーマ

デジタルマーケティング

モバイルサイト　PCサイト　分析
ECサイト　メール
Web広告　ライブセミナー
顧客
SEO対策　コンテンツ管理
SNS対策　チャットボット
インサイドセールス

デジタルワークスタイル

コミュニケーション　スケジュール管理
顧客管理
案件管理　テレワーク
財務・会計
社員　情報共有
電子契約
AI活用
人事・給料　RPA
ファイル管理

　先ほどの実行ステップやテーマは一例であって、企業の現状や抱えている状態により取り組む施策とその優先度は変わってきます。今進めるべき施策は何かを明確にし、全社にわかるようにして、一体となって進めるような取り組みを行ってください。

Do：成果につながる施策を確実に実行する

　計画を立てた後は実行（Do）に移りますが、DXの取り組みを進める上で多くの不確実性が発生します。実行段階では、発生した不確実性を早期に解消し、また共通認識を絶えず持ち続け、成果につながる施策を確実に実行することが求められます。

進捗状況を見えるようにする

　Planにて実行計画を作りましたが、実行にあたっては、誰が、どんな作業を、いつまでにやるのか、また、どんな状況になっているかを見えるようにします。当たり前のスケジュール管理ではありますが、DXを推進するチー

Excelを用いたスケジュール管理の例

No	カテゴリ	作業内容1	作業内容2	担当者	状況		01	02	03	04	05	06	07	08
15	リアルタイム経営	ダッシュボードの要件定義(開発)	ダッシュボード化対象の決定	Dさん	完了	予定／実績								
16	リアルタイム経営	ダッシュボードの要件定義(開発)	追うべきKPIの決定	Dさん	完了	予定／実績								
17	リアルタイム経営	ダッシュボードの要件定義(運用)	運用方針の検討	Dさん	完了	予定／実績								
18	リアルタイム経営	ダッシュボードの設計(開発)	ダッシュボードの画面設計(経営者向け)	Dさん	完了	予定／実績								
19	リアルタイム経営	ダッシュボードの設計(開発)	ダッシュボードの画面設計(幹部向け)	Dさん	完了	予定／実績								
20	リアルタイム経営	ダッシュボードの設計(開発)	ダッシュボードの画面設計(担当者向け)	Dさん	保留	予定／実績								
21	リアルタイム経営	ダッシュボードの設計(開発)	データの参照方法の設計	Dさん	確認待ち	予定／実績								
22	リアルタイム経営	ダッシュボードの設計(運用)	運用ルールの設計	Dさん	確認待ち	予定／実績								
23	リアルタイム経営	ダッシュボードの開発(BI)	ページ開発	Dさん	実施中	予定／実績								
24	リアルタイム経営	ダッシュボードの開発(データ参照)	データ連携方法の開発(RPAなど)	Dさん	実施中	予定／実績								
25	リアルタイム経営	ダッシュボードの導入	管理方法のレクチャ	Dさん	確認待ち	予定／実績								
26	リアルタイム経営	ダッシュボードの導入	管理者権限の移行	Dさん	確認待ち	予定／実績								

ムは、専任者を任命することが難しく、兼務のこともあります。その際に、現業のほうが忙しくてDXの業務がおろそかになってしまうこともあります。そのため、しっかりと役割分担やスケジュールの進捗を見えるようにすることが必要です。

　実行の進め方は、ウォーターフォール型やアジャイル型など様々な型があり、スケジュールを管理する仕組みについても、Excelで作成するガントチャートから、クラウド型のプロジェクト管理ツールなど様々な方法があります。しかしながら、押さえるべきポイントは共通しており、スケジュールにおける関係者の共通認識を作ることが目的のため、自分たちが使いやすい方法で管理を行ってください。

不確実性を徹底的になくすための課題管理

　進める上で、わからないことや検討すべき課題、必要なタスクなど様々な解決すべきことが発生します。それらについては、課題管理表を作成し、1つひとつ確実に解消することを推奨します。

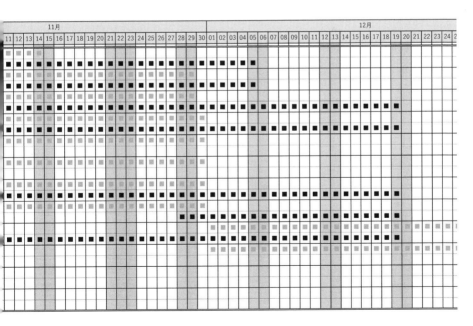

■は実績 ■は予定

課題管理は、いつ、誰が、どんな形で起票して、いつまでに解決すべきかを管理するものになりますが、課題の１つひとつが、意思決定やアクションの結果です。不確実性をなくして、確実な一歩を進めるためにも、明文化して記録を行ってください。

これらの仕組みを形骸化させないために

　スケジュール管理や課題管理は当たり前の方法ですが、いつの間にか、スケジュール表を見なくなったり、振り返らなくなったりすることが多々あり、当たり前をしっかりと仕組みとして回し続けることは、思ったよりも難しいものです。

　これらの仕組みをしっかりと行うためにも、推進者が心掛けるべきは、絶えずメンバーと対話し、息切れしないように、目標を見失わないように、コミュニケーションを図り続けることです。

　例えば、チャットでの声掛けや朝会などを使って高い頻度で簡単な振り返

Excelを用いた課題管理の例

No	タイトル	内容	状況
1	プロジェクトメンバーをチャットワークのグループへ招待をお願いします	本プロジェクトに関係する方について、チャットワークのグループへ招待をお願いします。	【9/12(定例会):担当A】 S様にて、随時対応いただいておりますので本件クローズします。
	モデル企業様のCRMとSFAの連携状況について確認いただく	K様にて、予約管理システムとCRMとの連携を進めていただいておりますが、モデル企業様のほうで、SFAで予約管理システムの機能を補完できたとの情報もあり。状況について、A社長からモデル企業様にお伺いいただく。	【9/19(定例会):担当A】 DMの準備が予約管理システムのステータスをベースとしおり、SFAに全てを寄せることは難しい可能性があるとのことで、本件は一旦クローズします。 【9/12(定例会):担当A】 定例会にて確認事項としてありましたので、記載させていただきました。
2	各事業部のヒアリングの調整をお願い致します	ヒアリングの対象者の選定、及び候補日の調整をお願いします。 B事業部は、T様。A事業部は、S様にてご調整。	【9/19(定例会):担当A】 E事業部についても10/12で日程確定。本件クローズします。 【9/15:担当A】 それぞれ、以下の日程で調整。E事業部の日程確定待ち。 ・A事業部ヒアリング 　9月17日(木)14:00〜15:30@リモート ・B事業部ヒアリング 　9月18日(金)14:00〜15:30@リモート

りを促し、メンバーのモチベーションの状態なども注意するようにしてください。

カテゴリ	ステータス	起票者	対応者	起票日	完了日
.その他	4.完了	船井総研)担当A	お客様)S様	09/04	09/12
.全体最適化	4.完了	お客様)S様	お客様)A社長	09/12	09/19

Check：実行状況を把握するために、成果を見える化する

　実行が適切に前に進んでいるかを確認するためにも、Checkは大切な活動になります。しかし、何を基準にしてDXの取り組みを評価すればいいか、迷う方もいらっしゃると思います。Checkのポイントについてご説明します。

業績向上・生産性向上を追いかける

　まず取り組みの成果が出ているかについては、計画時に設定したKGIやKPIを評価します。デジタルツールを入れれば向上できるものばかりではないですが、業務プロセスの変更や人・組織の取り組み方など、企業がDXを行う上で上がった成果を評価することができます。

　そのためにも、Planでも触れましたが、**BIによる各種行動指標の見える化**をおすすめします。例えば、営業段階における顧客との新規接触から受注までのステップを見えるようにして、それぞれの指標を追跡したり、各営業担当者の成績を全社員が見えるようにしたりすると、成果の評価がリアルタイムで可能ですし、データの共通認識ができて全員の数字意識が深まります。

　例えば、次ページ上の図は自動車販売業における営業担当者のプロセス分析の画面です。見積り、試乗、受注とプロセスが遷移するのですが、それぞれのプロセスにおいて成果を上げている営業担当者を表示することで、他の営業担当者のモデルとなる社員を見つけることができます。

　勤怠情報なども同様にして見えるようにする（次ページ下図）と、それぞれの人や組織の負荷の状況も見えるようになりますので、会社として問題発見が迅速になります。

モデルとなる社員がわかる

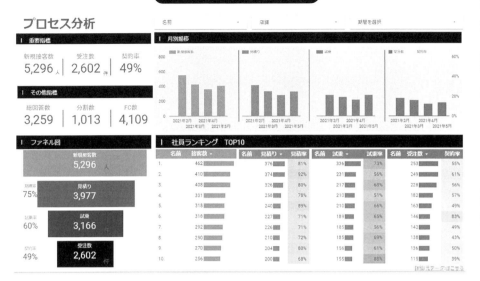

残業、有休の状況が見える

DXの意識が全社に浸透しているか測定する

　もう１つDXのPDCAサイクルがうまく回っているか確認するポイントとしては、**DXに対する全社員の協力や意識の状態**があります。DXについては、全社一体となって進めなければ成功はしないのですが、つい自分には関係ないものとして、誰かが行えばいいという意識を持つ人が出てきがちです。そのような状況の発生を防ぐためにも、定期的に全社員の意識や習熟度を測る必要があります。

　例えば、全社員が学ぶべきデジタルに関する学習カリキュラムを作成し、一般社員から経営者、DXを推進する人などそれぞれ押さえるべきポイントをまとめ、それぞれ定期的な学習テストを行うことで、全体の意識や習熟度の向上を図ることができます。

学習カリキュラムの例

		パート／アルバイト	一般社員	管理職	経営陣	DX推進チーム	CDO
規則・ルールの学習		・社給デバイス配布規定 ・破損時対応方法					
ツールの 操作方法	全社で 利用	・コミュニケーションツール					
	各事業部 で利用	・CRM、メール配信システム、SNS、会計システム				・すべてのデジタルツール	
	階層別で 利用	・一般社員向けBI		・管理職向けBI	・経営陣向けBI	・一般社員向けBI ・管理職向けBI ・経営陣向けBI	
ツールの管理方法		・各システムのQ&A／トラブル発生時の連絡方法				・各システムアカウントの管理方法 ・配布した社給デバイスの管理方法 ・各システムのQ&A／トラブル発生時の対応方法 ・システムベンダーへの対応依頼方法	
ツールの開発方法		・RPA				・RPA ・BI	

9-13 Adjust：進むべき方向性を検討し、DXジャーニーを見直す

PDCAサイクルとして、計画、実行、チェックについて触れてきましたが、最後はAdjustとして、DXの次のサイクルを回すための調整となります。DXを実現するために、様々な取り組みを行って、不確実性を減らして共通認識を作りながら進めてきた中で、次の取り組みに向けた方向性の見直し方法をご説明します。

人・組織、業務プロセス、デジタルツールのバランスはとれているか？

計画段階でも人・組織、業務プロセス、デジタルツールの３つの視点についてご説明しましたが、改めて取り組みを進める上でバランスがとれているかを確認してください。

実行段階において、新しいデジタルツールを導入したり、業務プロセスを変更したり、会社全体のデジタルリテラシーの向上などに取り組んできた中で、実行前とは状況が異なっています。それぞれが適切なバランスになっているか、振り返ってみましょう（次ページ上図参照）。

自社のステージに合わせてDXジャーニーマップを見直す

バランスの確認とともに、**自社のDXのレベル感に合わせてジャーニーマップも見直す必要**があります。はじめは紙での記録からデジタルツール活用によるペーパーレス化などアナログからデジタルへの小さな一歩かもしれませんが、そこから社内の情報の連携や基幹システムの構築、はたまたAIの活用など、どんどん自社のステージに合わせて目標を見直し、それを実現するための計画についてもブラッシュアップをしてください。

そして、常に共通認識を作りながら全社としてのDXの推進に取り組んでいただければと思います。

人・組織、業務プロセス、デジタルツールのバランス

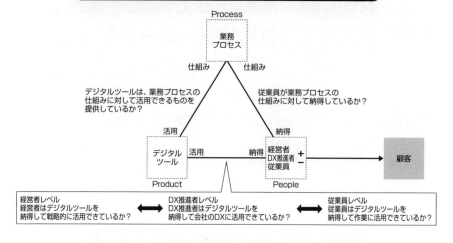

ステージに合わせてDXジャーニーマップも見直す

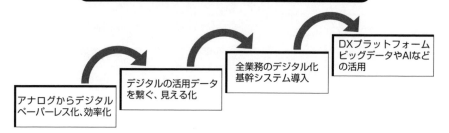

9-14 DX実現に向けたPDCAサイクルを回し続ける

　DXのPDCAサイクルについて、一連の流れを説明しましたが、これらの活動は1回限りではなく継続して取り組む必要があります。最後に、継続して成長し続けるためのポイントについて説明します。

人や組織のモチベーションや能力を伸ばし続ける

　DXの戦略をDXジャーニーマップで描き、不確実性を減らしながら目標に向けてPDCAサイクルを回し続ける方法について触れてきましたが、これらの一連の業務は人が行う必要があります。そのため、デジタルの仕組みだけでなく、人の力を活かす仕組みを作ってください。

　当たり前のことですが、人は機械とは異なり、調子が良かったり悪かったりすることもありますし、モチベーション高く取り組むこともできれば、やる気がしぼんでしまうこともあります。そのため、取り組みを継続して行うためには、改めて人にフォーカスして、健全な組織運営をすることや適切なコミュニケーションを図ることを意識してください。

組織を活性化するための施策とは

　これまでにも触れてきましたが、組織が前向きに活性化するためには共通した目標やお互いの認識が必要です。そして、トップダウンでの取り組みに加えて、現場主導の活動も必要です。そのための施策の例としては、以下のようなものがあります。

①ジョブローテーションによる他組織の理解

　社歴が浅い社員が全社の状況を理解するために、定期的にジョブローテーションを実施。営業部門からコンタクトセンター部門への異動などにより、自分たちの対応が他の部門にどのような影響を与えているかを理解するとともに、企業が顧客に提供しているサービス内容の一連の流れを把握できるよ

うにします。

②若手社員によるDX推進チームの発足

　各部門の若手メンバーからデジタルに興味がある人や業務改善の意識がある人を募って、従来のＤＸ推進チームとは別に若手だけのDX推進チームとして任命し、社内の業務効率化や自動化などの取り組みを実施。そして、取り組みの内容は成果として全社での会議などで報告を行い、ボトムアップでの頑張りが見られるようにして、他の社員にも取り組みを身近に感じてもらうようにします。

③経営者から取り組み状況を公開し、全社で共有

　経営者はDXの実施状況や成果、今後の目標などを定期的に全社に公開。テレワークの導入のような、より働きやすい環境に変わったり、ワクワクできるような施策についても伝えて、DXに対する期待感を持ってもらうようにします。

　これらの施策では、全社員にいかに自分事として捉えてもらうかがポイントになります。DXのPDCAサイクルを回し続けるためにも、ぜひ全社一丸となって進める取り組みを行ってください。

中堅・中小企業のDXに
おすすめのデジタルツール

Digital Transformation

付録1　おすすめ名刺管理ツール

　名刺管理ツールは、顧客情報のデジタル化の入り口となります。名刺情報は個人が管理するのではなく、会社の資産として管理する必要があります。DXに成功している企業は名刺管理から徹底した顧客管理を行っています。以下、おすすめツールをご紹介します。

①Sansan

　テレビCMなどで見たことがある方も多いと思います。大手企業を含む7千社以上の導入実績があり、名刺管理ツールにおける定番と言えるでしょう。

　専用スキャナやスマートフォンアプリによる名刺の取り込みが可能で、条件による名刺情報のグループ化も可能となっています。

　文字認識においても、人によるチェックをプロセスに加えることで、99%を超える高い認識率を誇ります。Webでの打ち合わせが増えている中、オンライン名刺交換に対応している点も評価できるポイントです。

②Eight

　上記のSansanを運営しているSansan株式会社の中小企業向け名刺管理ツールです。

　いきなり全社導入につなげるのが難しい場合や、社員数が少ない中小規模の会社の場合で候補として挙がります。機能もシンプルで使いやすく、名刺をスマートフォンで撮影することでデータ化ができます。

　Sansanへの移行もスムーズに行うことができるので、名刺のデータ管理の第一歩として最適なツールです。まずは少人数で始めたいという会社や小規模の会社では、こちらを導入するとよいでしょう。

③ホットプロファイル

　名刺管理だけでなく、SFAの機能を一部併せ持った名刺管理ツールです。

人力によるデータ化により100%に近い認識率を誇っています。

　スキャナ、複合機、スマートフォンアプリなどで名刺を読み取ることができ、新しい役職の名刺が読み込まれた際は古い名刺を持っている人に連絡が行く機能、名刺の組織名や役職を自動判別することで顧客組織図を自動作成する機能などが搭載されています。

名刺管理ツール比較表

	Sansan	Eight	ホットプロファイル
基本機能	名刺管理ツールの定番ツール。人のチェックを介すことで高い識字率を誇っている。オンライン名刺交換も対応。	個人・小規模事業者向けの名刺管理ツール。基本機能の利用であれば無料。	営業支援に特化した名刺管理ツール。役職の自動更新や顧客の組織図作成など、営業サポートの機能が充実している。
特徴	・高い識字率 ・オンライン名刺への対応 ・名刺へのタグ付け機能によるマーケティング特化	・Sansan社の個人・小規模事業者向けのサービス ・基本無料（有料版の提供あり） ・Sansanへのスムーズな移行	・高い識字率 ・SFA機能を付加可能 ・名刺情報から組織図を自動作成
初期費用	要見積り	無料	要見積り
月額費用	要見積り Sansanスキャナー1台　10,000円/月	無料 ※有料版の提供あり 　1アカウント　480円/月または、4,800円/年	1ユーザー当たり3,000~5,000円/月 ※導入ユーザー数、有料オプションにより変動あり
外部連携例	・Salesforce、Marketo、Zoho CRM、kintoneなど多数サービスと連携可能	・Gmail連携 ・Facebook連携	・Salesforce、サイボウズOffice、kintone、Microsoft Dynamicsなど多数サービスと連携可能
導入実績	大手企業含む7,000社以上の導入実績	2,000社以上 ※有料版含む	1,500社以上

（2021年6月現在）

付録2　おすすめ集客（MA）ツール

　MA（マーケティングオートメーション）ツールは、見込み客を集めたり、育成するために有効なツールです。MAツールはSFA（営業支援システム）やCRM（顧客管理システム）とシームレスに連携する必要があるため、選定の際にはその点に注意したいところです。以下、おすすめツールをご紹介します。

①Zoho（Zoho CRM＋Campaigns＋SalesIQ）

　Salesforce社から独立したZoho社が提供しているMAツールです。Zoho社は、中堅・中小企業向けのCRMやSFAをプロダクトの軸としています。ZohoのMAはCRM、Campaigns（メールマーケティングツール）、SalesIQ（Web接客ツール）を連携させることによって実現しています。CRMなどの機能がないもしくは、弱い会社はZohoで会社の顧客まわりの機能をまとめて構築することが可能です。

②Marketo

　アメリカに本社を置くAdobe社が提供するMAツールです。Adobe社がMarketo社を買収したことで日本でもニュースになりました。Zohoと違い、MAに特化したツールであり、サポートが充実しています。B to B、B to C問わず、多くの事例が収集されているため、サポートと併せて活用することで、自社に合わせたMA活用につなげることができます。

③Salesforce Pardot

　SFA・CRM領域で世界シェアNo.1を誇るSalesforce社が提供しているMAツールであり、B to Bのビジネスに特化しています。

　Salesforceとの連携がシームレスに可能となっており、Salesforce自体が多くのデジタルツールと情報共有が可能であるため、できることが幅広いツー

ルです。

　Salesforceを既に導入している会社では、まず検討すべきツールと言えます。

MAツール比較表

	Zoho	Marketo	Salesforce Pardot
基本機能	Zoho社のZohoCRM、Campaigns、SalesIQと組み合わせることでMAを実現するツール。 中堅・中小企業をターゲットとしているZoho社のツールと連携が可能。マーケティングから営業までZoho上で完結させることができるため、Zoho社のツールで営業情報の一元管理が実現する。	MAの専門ツールであり、多くの既存デジタルツールとの連携が可能。B to C、B to B共に活用事例もあり、Zoho社やSalesforce社のツールのようにCRM、SFAといったツールまで縛られることがなく、既に導入している他ツールに合わせた活用が可能となっている。	B to Bのビジネスに特化したMAツール。 Salesforceとのシームレスな連携が可能で、Salesforceをすでに導入している会社では、第一候補となるMAツールだと言える。 営業情報の一元管理や多くの他社ツールとの情報共有も可能。
特徴	・高機能であり、価格が抑えられている ・Zoho社の他プロダクトとのシームレスな連携が可能 ・顧客回りの情報をZohoで一元管理可能	・MAを専門としたデジタルツール ・CRMやSFAといった関連するツールによる制限がない ・B to C、B to B共に活用事例がある ・顧客とのエンゲージメントを重視している	・CRM、SFAにて世界シェアNo.1のSalesforceとシームレスな連携が可能 ・高機能であり、できることが非常に多い ・B to Bビジネスに特化
初期費用	無料 ※仕組み構築にあたり、一部開発の余地あり	要見積り	― ※仕組み構築にあたり、一部開発の余地あり
月額費用	エンタープライズ：167,184円/年 プロフェッショナル：76,464円/年 ベーシック：24,624円/年	要見積り	Growth：150,000円/月 Plus：300,000円/月 Advanced：480,000円/月
外部連携例	・Zoho社のツールとの連携が可能 ・API連携が可能であり、多くのデジタルツールとの連携が用意されている。	・多くのCRM、SFAといった既存ツールとの連携が可能	・Salesforce社のCRM、SFAを始めとした各ツールとシームレスな連携が可能
導入実績	大手企業含む7,000社以上の導入実績	世界39か国、B to C、B to Bを問わず6,000社以上の導入実績	シェア20%を超える導入実績。世界、国内共にシェアNo.1

（2021年6月現在）

251

付録3　おすすめ営業支援（SFA）ツール

　SFA（セールスフォースオートメーション）は、営業プロセスを見える化し、受注率を上げるためのツールです。SFAに蓄積される営業情報はWebサイトのアクセスデータや販売管理システムの売上実績データと連携させることで、より効果的な分析を行うことができるようになります。以下、おすすめツールをご紹介します。

①Salesforce Sales Cloud

　Salesforceという名前は聞いたことがあるという方は多いのではないでしょうか。SFAとしては世界シェアNo.1を誇ります。Sales Cloud はCRMやMAの機能も持っており、Salesforceを主軸として会社の基幹システムを構築できてしまうほど汎用性の高いツールとなっています。

　一方で、ある程度規模の大きい会社をターゲットとしているため、価格が高めという面があります。

②Zoho CRM

　MAのページで名前を挙げたZohoですが、Zohoのメイン機能はSFAです。Zoho社はSalesforce社から独立してできた会社であり、中堅・中小企業向けのSalesforceという立ち位置です。

　Salesforceと同等の機能・汎用性を誇りつつ、価格も抑えめなため、中堅・中小企業のSFA導入においておすすめのツールです。

③kintone

　kintoneは日本のサイボウズ社が提供しているツールです。電車広告などで見たことがある方もいらっしゃるかと思います。kintoneは自由に自社に合わせたアプリ作成ができるツールであるため、自分たちでSFAアプリを設計し、作ることができます。

自分たちで必要な機能や情報を自由に設定したい場合や、費用を抑えて
SFAを実現したい場合におすすめです。

SFAツール比較表

	Salesforce Sales Cloud	Zoho CRM	kintone
基本機能	世界シェアNo.1のSFAツール。カスタマイズの余地があり、自社に合わせた最適な形をSlaesforceの提供する他ツールを組み合わせて構築することができる。	中小企業向けのSalesforceといういう位置づけのSFA/CRMツール。高機能でありつつ、比較的安価な価格での提供を実現している。	自社に合わせたワークフローを構築することができるグループウェア。SFAアプリを構築することで、SFAとしても活用することができる。
特徴	・世界シェアNo.1のSFAツール ・自社に合わせたカスタマイズが可能 ・Salesforce社のツールを組み合わせることで、会社の基幹機能構築が可能	・自社の業務に合わせたカスタマイズが可能 ・ワークフローを構築することで、繰り返し業務を自動化し、営業に注力できる仕組みの構築が可能	・自社の業務に合わせたカスタマイズが可能 ・直感的なアプリ作成が可能なため、自分たちでアプリ構築が可能 ・SFA以外のワークフローも構築可能
初期費用	無料 ※仕組み構築にあたり、一部開発の余地あり	無料 ※仕組み構築にあたり、一部開発の余地あり	無料 ※仕組み構築にあたり、一部開発の余地あり
月額費用	Essentials：1ユーザー3,000円/月 Professional：1ユーザー9,000円/月 Enterprise：1ユーザー18,000円/月 Unlimited：1ユーザー36,000円/月	スタンダード：1ユーザー1,440円/月 プロフェッショナル：1ユーザー2,400円/月 エンタープライズ：1ユーザー4,200円/月 アルティメット：1ユーザー5,400円/月	ライトコース：1ユーザー780円/月 スタンダードコース：1ユーザー1.500円/月
外部連携例	・Salesforce社のツールとシームレスな連携が可能 ・他社ツールとの連携も用意されている	・Zoho社のツールとの連携が可能 ・API連携が可能であり、多くのデジタルツールとの連携が用意されている	・API連携が用意されており、多くのデジタルツールと連携できる
導入実績	世界で18万5,000社、日本で6千社以上の導入実績	世界15万社以上の導入実績	国内1万5,000社の導入実績

（2021年6月現在）

253

付録4　おすすめコミュニケーションツール

コミュニケーションツールは、組織や部門横断で情報伝達・共有するためのツールです。そのため、他のシステムとの連携も視野に入れて選定する必要があります。以下、おすすめのツールをご紹介します。

①Chatwork

国内利用者数ナンバーワンのビジネスチャットツールです。特徴としては、基本的な掲示板やグループ機能が非常に使いやすいのが特徴で、チャットグループ別にタスク管理やファイル管理もできます。また、プラグインを入れることでテレビ会議も実施可能です。

その他にも様々なシステムとAPI連携が可能で、他ツールの通知を自動的にChatworkで通知する機能や、時間がきたら自動で通知するボット機能などを利用することで、業務効率を高めることができます。利用者数の多さや機能の使いやすさ、拡張性から見ても、まだチャットツールを導入していない企業の最初の一歩としておすすめできるツールです。

②LINEWORKS

LINEWORKSはLINEと連携できる唯一のビジネスチャットツールです。ポイントは何といっても使い勝手で、LINEと同じUI（ユーザーインターフェース）でビジネスのコミュニケーションを行うことができます。

また、Chatworkのようなタスク管理はもちろん、参加しているグループ内でのアンケート機能やカレンダーへの連携機能、Driveでのファイル管理など、機能面でも充実しています。アカウントさえ作れば最初は100名まで無料で使える点も導入の敷居が低く、おすすめの理由になります。

③slack

世界シェアNo.1のビジネスチャットツールです。他のビジネスチャットツ

ールと比べ、圧倒的な拡張性があります。自分の管理しやすいようにチャンネル（グループ）を設定し、2,200以上の外部サービスと連携が可能です。

　また、基本的にどんな種類のファイルにも対応しており、音声通話やテレビ会議も可能なため、情報共有における自由度が高いです。シンプルに使うこともできますが、もともと連携したいツールがある場合や社員に拡張機能を使いこなす素地があるのであれば、さらにおすすめできるツールです。

コミュニケーションツール比較表

	Chatwork	LINEWORKS	slack
基本機能	グループチャット機能、タスク管理機能、ファイル管理機能、音声通話など、ビジネスコミュニケーションに特化した機能がある。	トーク（チャット）機能、カレンダー機能、タスク機能、アンケート機能、ファイル管理機能、などビジネスとして使うのに十分な機能がある。	会話、ファイル、ツール、メンバーを1か所にまとめられるチャンネル機能、社内・社外問わないチームコラボ機能、音声通話、ビデオ会議機能など、自由度の高いコミュニケーション設計が可能。
特徴	・日本国内利用者数ナンバーワン ・強みはチャットに紐づいた使いやすいタスク管理機能 ・拡張性も高く、連携することで独自の使い方が可能	・LINEと同じUIでの使用が可能 ・アンケート機能やカレンダー機能など他のツールではあまり見ない機能も充実 ・管理者を設定し、セキュリティ制御可能	・自分の管理しやすいようにグループを作成できる ・2,200以上の外部サービスとの連携 ・定型アクションの自動化機能
初期費用	無料	無料	無料
月額費用	フリー：無料 ビジネス：1ユーザー500円/月 エンタープライズ：1ユーザー800円/月 ※年間契約の場合	フリー：無料（100名まで） ライト：1ユーザー300円/月 ベーシック：1ユーザー500円/月 プレミアム：1ユーザー1,000円/月	フリー：無料 プロ：1ユーザー850円/月 ビジネスプラス：1ユーザー1,600円/月
外部連携例	・Gmailでのメール転送 ・Googleカレンダーとタスクの連携 ・Twitterでの通知　　など	・人事労務freee勤怠打刻bot ・セコム安否確認サービス ・KING OF TIME　など	・ZOOMやSKYPEなどの会議ツール ・Googleドライブ、BOX ・Twitter ・Googleカレンダー　など
導入実績	国内3万社の導入実績	公式情報公開なし	世界75万社以上の導入実績

（2021年6月現在）

付録5　おすすめミーティングツール

　新型コロナウイルスの影響により今や当たり前となったミーティングツール（Web会議ツール）ですが、細かく比較していくと各ツールで音質や画質、機能に違いがあり、自社の使い方に合っているかを検証する必要があります。以下、おすすめツールをご紹介します。

①ZOOM

　ミーティングツールの代名詞ともいえるツールです。大きな特徴は、通信が安定しており、録画や画面共有などの会議に必要な機能が非常に使いやすい点です。無料版では40分の制限がありますが、それでも安定した通信環境を求めるなら、おすすめです。有料版の機能であるブレイクアウトルーム（1つの会議の参加者を複数のグループに分割してセッションを行う機能）やウェビナー（オンラインセミナーで使うことに特化したサービス）も使い勝手がいいため、業種によっては他のミーティングツールより効率的に利用できる可能性があります。

②Microsoft Teams

　マイクロソフト社から提供されているミーティングツールです。ZOOMと大きく異なる点は、テレビ会議でファイル共有ができる点とマイクロソフトのアカウントでログイン、利用できる点です。もちろん、基本的なメッセージ機能や画面共有機能も利用できます。もし会社でOffice365などの契約をしているのであれば、連携して使える機能が豊富なため、おすすめできるツールと言えます。

③Google Meet

　Googleから提供されているミーティングツールです。最も魅力的な機能はGoogleカレンダーから直接会議に参加できることです。ZOOMなどの場合、

対象となる会議用のURLを共有する必要がありますが、Google Meetではカレンダー招待を受けるとその予定の画面から直接会議に入ることができます。Googleアカウントさえあればインストール、ログインの必要もありません。初心者でもスムーズに利用することができるため、オンラインミーティングに慣れていない企業にもおすすめです。

ミーティングツール比較表

	ZOOM	MicrosoftTeams	Google Meet
基本機能	ビジネスで利用するWeb会議に特化したツール。安定した通信がウリのWeb会議機能、チャット機能、画面共有機能などの基本的な機能が使いやすいツール。	Microsoftが提供するWeb会議ツールを含めた社内の統合コミュニケーションツール。グループチャット、最大10,000人まで同時参加できるWeb会議システム、Officeドキュメントでの共同作業などもできる。	Googleハングアウトの上位互換Web会議システムとして登場したツール。他のGoogleサービスと親和性が高く、Googleカレンダーから直接会議を開催することが可能。チャットや画面共有も問題なくでき、基本無料のため最初の導入にはお勧めのツール。
特徴	・Web会議ツール知名度ナンバーワン ・安定した通信、音質 ・ウェビナーやブレイクアウトルーム機能など便利な機能あり	・使い慣れたOfficeソフトとの共同作業が可能 ・Microsoftアカウントがあれば無料で利用可能 ・統合型の会議システムなので、ツールの切り替えなしで実行可能	・Googleカレンダーからの直接開催 ・AIによる通信、音声、画像の最適化 ・自動字幕文字起こしなどのユーザー補助機能
初期費用	無料	無料	無料
月額費用	基本プラン：無料 プロプラン：1ライセンス1,600円/月 ビジネスプラン：1ライセンス1,900円/月 エンタープライズプラン：1ライセンス2,200円/月	無料プラン：無料 Basic：1ライセンス540円/月 Standard：1ライセンス1,360円/年 ※年間契約	無料プラン：無料 Essentials：1ライセンス$8/月
外部連携例	外部連携事例は特になし	アドオンによる外部ツールとの連携可能	外部連携事例は特になし
導入実績	公式情報公開なし	公式情報公開なし	公式情報公開なし

(2021年6月現在)

付録6　おすすめ会計ツール（会計ソフト）

　会計ソフトは、企業の業績を管理する非常に重要なツールになります。会計ソフトに蓄積されるデータは、CRMの顧客データやSFAの営業管理データと連携させることで、生産性を示す様々な指標を抽出することが可能となります。ただし、会計ソフトにはそれぞれクセがあるので、自社の会計のやり方に合ったものを選定する必要があります。以下、おすすめのツールをご紹介します。

①freee

　国内シェアNo.1のクラウド型会計ソフトです。経理業務に慣れていない初心者でも簡単操作で、請求書発行、経費精算、入金管理などを一元管理できます。決算書作成や確定申告も可能で、同じシリーズの人事労務freeeとの連携も可能です。

　格安プランで使用できるのが20名までなので、どちらかといえば小規模事業者におすすめしたいツールです。

②マネーフォワード　クラウド会計

　大きな特徴として、3,600件以上の銀行やクレジットカードと連携可能です。他にもECサイトの購入履歴やアフィリエイトの収益データなどとも連携でき、自動でのデータ取り込みと仕訳機能が好評です。自動仕訳にはAI機能もあり、ビッグデータを元に勘定科目を提案。使えば使うほど自動入力や自動仕訳の精度が上がっていく仕組みになっています。

③弥生会計

　老舗の会計ソフト。インストール型で多くの企業に導入されてきた実績がありますが、クラウド型も人気です。シリーズ展開が豊富で、同じ弥生シリーズで顧客管理や販売管理など様々なツールと連携することができます。

初心者でも使いやすい上にサポートも手厚いため、初めて会計ソフトを入れたい場合にはどんな業種、どんな規模の会社にもおすすめできるツールです。

会計ツール比較表

	freee	マネーフォワード クラウド会計	弥生会計
基本機能	国内シェアナンバーワンの会計ツール。請求書、経費、入金管理、決算書や確定申告までできるお金回りの総合的な機能を備えたツール。	銀行やクレジットカード、ECサイトとの連携が秀逸な会計ツール。AIを搭載した自動仕訳機能が特徴的で請求書、経費、給与、勤怠と合わせて利用することができる。	誰でも使いこなせる簡単設計でサポートも充実の老舗会計ツール。シリーズも合わせれば、確定申告、給与計算、販売管理、顧客管理まで幅広くサポートしている。
特徴	・会計業務初心者でも扱える簡単さ ・労務freeeなど各シリーズとの連携も可能 ・無料で利用できる上限が20名までのため、個人・小規模向け	・3,600以上の銀行、クレジットカードと連携可能 ・AI搭載の自動取り込みと自動仕訳機能 ・ECサイトとの直接連携	・初心者でも使えるUI ・安心のサポート体制 ・豊富な商品ラインナップ（シリーズ展開）
初期費用	無料	無料	無料
月額費用	ミニマム：1,980円/月 ベーシック：3,980円/月 プロフェッショナル：39,800円 ※年間契約	スモールビジネス：2,980円/月 ビジネス：4,980円/月 ※年間契約	セルフプラン：26,000円/年 ベーシックプラン：30,000円/年
外部連携例	特になし	特になし	特になし
導入実績	公式情報公開なし	公式情報公開なし	220万ユーザー

（2021年6月現在）

付録7　おすすめ勤怠管理ツール（勤怠管理システム）

　勤怠管理システムは、手作業の多い勤怠管理業務を効率化するのに有効です。また、人時生産性を算出する上で必要な従業員の労働時間を管理しており、会計ソフトの業績データと連携させることで労働生産性に関する指標を抽出することができます。以下、おすすめツールをご紹介します。

①KING OF TIME

　KING OF TIMEは日本初のクラウド型勤怠システムです。かなり細かい設定が可能なため、多くの企業で導入実績があります。細かい設定が可能というメリットの一方で、初期設定項目の一部が複雑でわかりにくいと感じるかもしれません。トライアルを活用することで自社に合っているかを確認し、導入の際はサポートをうまく活用して効率的に導入しましょう。

②AKASHI

　このプロダクトも細かい設定が可能です。ユーザー側の画面がわかりやすいため、デジタルに慣れていない人でも比較的使いやすいかと思います。デジタルに慣れておらず、なるべく簡単な操作で完結させたいという企業におすすめです。

③TeamSpirit

　勤怠管理だけでなく、工数管理、経費精算の機能を持った勤怠管理ツールです。勤怠管理以外の機能も持たせたいという企業におすすめのツールです。

　勤怠管理ツールは差別化が難しいデジタルツールです。自社のルールを明確化させた上で、複数の勤怠管理ツールのトライアルを活用し、使用感や機能が自社にマッチするツールを選択、導入の検討を行っていく形がよいかと思います。

勤怠管理ツール比較表

	KING OF TIME	AKASHI	TeamSpirit
基本機能	日本初のクラウド型勤怠管理ツール。 様々な打刻手段に対応しており、細かい設定項目があることで、多くの会社の勤務規定に対応している。	ソニーグループが提供する細かい設定が可能なクラウド型勤怠管理ツール。 UIがすっきりしており、直感的に操作できる。デジタルに慣れていない会社におすすめ。	勤怠管理だけでなく、工数管理、経費精算の機能を持った勤怠管理ツール。 勤怠管理以外の機能も持たせたいという場合におすすめ。
特徴	・日本初のクラウド型勤怠管理ツール ・設定項目を細かくすることで、多様な勤務形態に対応 ・無料の電話サポートなど、初期設定時のサポートが充実している	・設定項目を細かくすることで、多様な勤務形態に対応 ・UIがすっきりしており、使いやすい ・料金体系が複数に分かれており、必要な機能のものを選択することができる	・勤怠管理以外の工数管理や経費精算の機能が含まれている
初期費用	無料	無料	150,000円〜200,000円 ※プランによる
月額費用	1ユーザー300円/月	タイムレコーダー：1ユーザー200円/月 スタンダード：1ユーザー300円/月 プレミアム：1ユーザー400円/月	TeamSpirit：1ユーザー600円/月 TeamSpirit HR：1ユーザー900円/月 + 人事担当者1ユーザー900円/月 TeamSpirit Leaders：1ユーザー600円/月 + リーダー1ユーザー6,000円/月 TeamSpirit EX：個別見積り ※ユーザー数によって一部変動あり
外部連携例	・API連携が用意されており、労務関連で関係する基本的なサービス、ツール、ソフトウェアに連携が可能。	・API連携が用意されており、労務関連で関係する基本的なサービス、ツール、ソフトウェアに連携が可能。	外部サービス、外部デジタルツール、端末と連携する「TS Connect」を提供。様々な機能をTeamSpiritへ追加することができる。
導入実績	1万9,000社への導入事例	公式情報公開なし	1,400社に導入

(2021年6月現在)

261

付録8　おすすめ労務管理ツール（労務管理システム）

　労務管理システムは、企業の労務担当者が行っている幅広い業務を効率化するためのものです。労務に関する業務は主に紙の書類を用いるため、リモートワークの障害になることが多くあります。オンプレミス（社内にサーバーを置いて運用する）のシステムを既に導入済みの企業も多いと思われますが、今後はリモートワークに対応可能なクラウド型のシステムへの入れ替えも視野に入れたいところです。以下、おすすめツールをご紹介します。

①SmartHR

　労務管理領域のデジタルツールで最も知名度が高いデジタルツールです。前項の勤怠管理の業務にはもちろん対応しています。それ以外にも他システムとの連携が用意されており、労務領域全体をデジタル化することで、労務担当者の業務負担を大幅に軽減できます。

②オフィスステーション

　オフィスステーションは、自社に必要な機能を組み合わせて選択することができる労務管理ツールです。

　SmartHRが労務領域全体をカバーしている一方で、オフィスステーションは、顧客が自社に不必要な機能は省き、必要な機能のみを選択する形でサービスを提供しています。そのため、必要な機能分のみの課金となり、コストを抑えつつ労務管理のデジタル化を実現することができます。

③ジョブカン労務管理

　CMで名前を聞いたことがある方もいらっしゃるかもしれません。勤怠管理や給与計算など、人事労務分野でツールを展開している株式会社Donutsが提供しているサービス群のうち、労務管理に特化したツールとなります。

　Donuts社のサービス、ツールとのシームレスな連携が可能なため、人事

労務分野のシステムの総入れ替えを検討する際は、候補として考えられるツールになります。

労務管理ツール比較表

	SmartHR	オフィスステーション	ジョブカン労務管理
基本機能	労務管理領域のデジタルツールでは最も知名度のあるデジタルツールの1つ。従業員の入退社の手続きなど、労務担当者の負担を軽減し、生産性を向上させる。	アラカルト型人事労務クラウドソフトと呼ばれており、自社に必要な機能のみを選択して導入することができるデジタルツール。既存の仕組みと重複する機能は省くことで、コストを抑えた導入が可能となる。	従業員情報の管理から保険関連の手続きの作成・提出までをツール上で実現する労務管理ツール。他のジョブカンシリーズとの情報共有が可能なため、人事労務領域をジョブカンシリーズでまとめることで、利便性が向上する。
特徴	・労務管理領域での知名度が高い ・労務管理上の手続きをクラウド完結させ、行政への届け出などもワンクリックで実現 ・紙での処理に比べ、圧倒的に効率化を実現できる ・導入した企業の継続率99%以上と高い満足度を誇る	・必要な機能のみに絞った導入が可能 ・コストを抑えて人事労務業務の効率化、生産性向上を実現可能	・小規模事業者（5名まで）向けの0円プランがある ・機能ごとにプランを分けておらず、導入することで人事労務領域全体をカバーすることができる ・他のジョブカンシリーズを利用している場合、特別価格での導入が可能
初期費用	要見積り	要見積り ※HPにて、必要機能、利用人数などを入力することで概算の見積りが可能。	無料
月額費用	要見積り ※小規模事業者向けに人事労務手続き機能のみの0円プランあり	要見積り ※HPにて、必要機能、利用人数などを入力することで概算の見積りが可能。	無料プラン：0円/月 ※ユーザー数、利用機能に一部制限あり 有料プラン：1ユーザー400円/月 ※ユーザー数500名以上の場合は別途見積り ジョブカンシリーズの利用者は特別料金あり
外部連携例	・給与システムや勤怠管理システム等、人事労務領域の他社サービスとの連携が可能 ・APIの活用も可能なため、多くの他社サービス、ツールとの連携を実現できる	・給与システムや勤怠管理システム等、人事労務領域の他社サービスとの連携が可能 ・APIの活用も可能なため、多くの他社サービス。ツールとの連携を実現できる	・他のジョブカンシリーズとの連携がスムーズ ・給与システムや勤怠管理システム等、人事労務領域の他社サービスとの連携が可能
導入実績	・2万6,000社に導入	1万4,000社以上に導入	10万社以上へ導入（ジョブカンシリーズ累計）

（2021年6月現在）

付録9　おすすめ契約管理ツール

　契約管理ツールは、主に紙で行っていた契約のやり取りをデジタル上で行うものです。それにより、契約締結の迅速化や書類保管の廃止などが可能となります。今後のペーパーレス化を考えると、ぜひ導入しておきたいツールです。以下、おすすめツールをご紹介します。

①クラウドサイン

　電子契約市場にて80%のシェアを誇るツールです。契約というデリケートな内容を扱う上で必須となるセキュリティや法律上の証拠力などが担保されています。マニュアルなども充実しており、電子契約の実現にあたってまず検討すべきツールです。

②ドキュサインの電子署名

　180か国以上で電子契約ツールを提供しているDocuSign Inc.が提供しています。世界での電子契約ツールのシェアではNo.1となっており、50万社以上で活用されています。海外企業との契約締結が必要となる場合におすすめとなるツールです。

③NINJA SIGN

　NINJA SIGNは株式会社サイトビジットが提供する電子契約ツールです。複数の定額プランが用意されており、一定額以上のプランでは締結数が無制限となっています。契約書を取り交わす数が多い会社にとって、コスト面で優れています。プランごとに使える機能が細かく設定されていることも特徴であり、自社に必要な機能のみを安価に実現することが可能です。

契約管理ツール比較表

	クラウドサイン	ドキュサインの電子署名	NINJA SIGN
基本機能	日本において最も使われている電子契約ツール。80%以上の国内シェアを持っており、マニュアルも整備されていることから、まず最初に検討したい電子契約ツールと言える。	世界シェアNo.1の電子契約ツール。外国企業との契約締結を想定する場合におすすめ。	細かくプランが分かれており、自社に必要な機能を安価に導入できるメリットのある電子契約ツール。契約書を取り交わす総量が多い会社におすすめ。Freeプランがあるので、お試し可能。
特徴	・国内での知名度が高い ・フリープランがあり、基本的機能を無料で利用可能 ・受信側のアカウント作成の手間がない	・世界シェアNo.1 ・外国企業との電子契約に強み	・Freeプランがあり、試しやすい ・細かくプランが分かれており、必要な機能のみを選択することができる ・プランによっては、契約書締結数が無制限
初期費用	無料 ※過去の契約の電子化等は別途相談	無料	無料
月額費用	Standard：10,000円～/月 Standard plus：20,000円～/月 Business：100,000円～/月	Personal：$15/月 Standard：$40/月 Business Pro：$60/月	Free：無料 Light：1アカウント4,980円/月 Light Plus：1～6アカウントまで19,980円/月 Pro：1～20アカウントまで50,000円/月 Pro Plus：1～100アカウントまで120,000円/月
外部連携例	Web APIにより、社内システムとの連携構築が可能	モバイルアプリにより、外出先などでも書類作成が可能 350以上のデジタルツールと連携可能	API連携が容易であり、多くの既存システムとの連携が実現可能
導入実績	10万社以上に導入 国内シェア約80%	世界シェア約70%	公式情報公開なし

(2021年6月現在)

265

付録10　おすすめRPAツール

　RPA（ロボティックプロセスオートメーション）は、現在様々な種類の
ツールが出ています。単純さと機能性のバランスはもちろんですが、それよ
りも重要なのはサポートです。1人でもプログラミング構築が可能な人材が
いればスムーズに導入が進む場合もありますが、そうでない限りはサポート
がしっかりしたツールを選ぶことを推奨します。以下におすすめのツールを
ご紹介します。

①WinActor

　国内シェアNo.1のRPAツールです。インストール型とクラウド型のどち
らもあります。最も使いやすい機能は録画によるロボットの自動生成で、
PC上で実際に作業を行い、その動作を録画することで同様の作業を行うロ
ボットを生成します。機能が豊富にあり、できることも多いので作業者がス
クリプトやJavaなどに習熟していると、より深く使いこなすことができます。

②EzRobot

　エクセル感覚でRPAを構築できる国産RPAツールです。大きな特徴は、
ITに詳しくない現場の人でもできるほど簡易な操作と、サポートが非常に
手厚いことです。エクセルが使える人なら誰でもロボット作成ができます。
また、サポートはチャットでの即時回答と電話による対応の2種類があり、
ツールを導入すると無償で付いてきます。インストール型で月5万円にして
は破格のサポートで、特に、初めてRPAツールを導入する中小企業にはお
すすめできるツールです。

③UiPath

　一定の条件を満たせば無料で利用できるRPAツールです。ここに挙げた
3つの中では最も運用が難しく、実際の活用までにはある程度技術が必要で

す。無料という敷居の低さと個人レベルでも運用が開始できてしまう手軽さから、導入し、動かしてみるケースも多いですが、対応やサポートが基本的になく、修正方法を自分で探す必要があるため、他ツールに比べて初動に時間がかかります。一方で、様々な作業テンプレートやすぐに使える事例集を公開しており、使いこなせる人材が１人でもいれば強力なツールになります。RPAツール導入が初めてではない企業や、他社で導入経験のある担当者のいる企業向けのツールです。

RPAツール比較表

	WinActor	EzRobot	UiPath
基本機能	国内最大手。費用は高めだが、テキストではなく、録画でのロボットの構築を行える操作性が評価されている。少し知識は必要だが複雑な作業にも対応できる。	株式会社RPAソリューションズが提供するRPAツール。簡易な操作でロボット作成ができ、手厚いサポートが特徴。初期費用もないので最初のRPAとしておすすめ。	誰でも利用できるRPAツール。海外製なので一部使いにくいところはあるが、コミュニティ機能が魅力で、UiPathコミュニティの事例からそのままロボットを作ることも可能。
特徴	・国内最大手のRPAツール ・画像イメージでの構築が可能 ・複雑な作業にも対応可能な機能性	・とにかく簡単にロボットが作れる操作性 ・万全のサポート体制 ・比較的低価格	・無料で使える ・使いこなすのが難しいが豊富な事例と機能 ・サポートはないが、コミュニティで質問可能
初期費用	無料	無料	無料
月額費用	実行版：１ライセンス/20,000円/月 フル機能版：１ライセンス/75,000円/月	1台/50,000円 2台目以降/40,000円	トライアル：無料 エンタープライズ版：公式情報公開なし
外部連携例	特になし	特になし	特になし
導入実績	1,900社以上	公式情報公開なし	公式情報公開なし

(2021年6月現在)

付録11　おすすめBIツール

　BIツールは、リアルタイム経営を実現する上で必須のものです。BIツールの選定においては、表現できるグラフの種類、連携できるツールの種類、共有機能などを検討する必要があります。また、RPAを活用することでより多くのシステムとデータ連携が可能となります。以下におすすめツールをご紹介します。

①Googleデータポータル

　Googleが提供しているBIツールです。GoogleアナリティクスやGoogle広告、Search consoleといった純正ツールのほかに、500以上のツール連携が可能です。特におすすめなのはGoogleドライブ、スプレッドシートからの連携です。Google Cloud Platformという同じGoogleのサービスの中にあるGoogleビッグクエリやMySQL（データベース管理ソフト）を挟むことで自社のデータを自由につなげ、データを分析、見える化することができます。連携を考えずともGoogleアカウントさえあれば使える、使いやすいツールなので最初に導入するのにはおすすめのツールです。

②Power BI

　マイクロソフト社が提供しているBIツールです。Googleデータポータルと同様に多くの外部データと連携でき、データを見える化することができます。無料版と有料版があり、無料版には共有機能がありませんが、その他の機能はすべて使えます。そのため、まずは無料版で使い勝手を試した上で、有料版を導入するとよいでしょう。また、作成画面がエクセルのようになっており、非常に作りやすい環境設計になっています。こちらも無料版は、アカウントさえ作れば誰でも利用することができるので、BIツール導入の最初の一歩におすすめできるツールです。

③ krewDashboard

krew Dashboardはkintoneのプラグインで活用できるBIツールです。有料で月2万2,000円かかりますが、BIツール上で直接kintoneデータの分析、加工、抽出が可能です。特に優秀なのが、BIツールからデータを直接クリックし、レコードに飛んで編集できる機能で、連携次第で元データ確認からデータを元にしたアクションの設計、記入まで行うことができます。これは他のBIツールでは不可能で、プラグインだからこそできる機能になります。kintoneで管理をしている、していきたいと考える企業にはおすすめのツールになります。

BIツール比較表

	Googleデータポータル	Power BI	krewDashboard
基本機能	Google広告やGoogleアナリティクスなどのGoogleサービスとの親和性が高く使いやすいBIツール。基本的なグラフ作成機能はもちろん、Googleアカウント1つで使える手軽さも魅力。	Microsoftが提供するBIツール。Googleデータポータルと比べてOfficeソフトに近い使い心地で、慣れれば非常に簡単にBI作成が可能。Azureとの連携も可能。	kintoneのプラグインで利用できるBIツール。kintone内にあるデータを自由に組み立て、データを見える化できる。特にBIから直接レコードを編集できる機能が使いやすく、kintoneをすでに利用している会社におすすめできるツール。
特徴	・無料で全機能が使えるセルフBI ・Googleサービスとの親和性が高い ・アカウントさえあれば使える手軽さ	・Officeソフトに近い、使い勝手のいいUI ・豊富なグラフ ・様々な外部ツールとの連携	・BIから直接編集可能 ・グラフダウンロード、集計を自由に設計可能 ・プラグインのため、セキュリティが強力
初期費用	無料	無料	無料
月額費用	無料	Pro：1,090円/月 Premium：2,170円/月	シンプル：13,200円/月 スタンダード：22,000円/月 ※100ユーザーまで ※年間契約
外部連携例	様々な外部サービスと自動連携が可能	様々な外部サービスと自動連携が可能	特になし
導入実績	公式情報公開なし	公式情報公開なし	公式情報公開なし

（2021年6月現在）

執筆者プロフィール

斉藤　芳宜（さいとう　よしのり）
デジタルイノベーションラボ　マネージング・ディレクター　上席コンサルタント
神戸大学経営学部卒。大手通信会社においてIT関連の新規事業立ち上げのチームリーダーを経て、船井総合研究所に入社。現在、テクノロジーを活用して中堅・中小企業に変革をもたらすデジタルイノベーション部隊の責任者であり、業績アップにつながるDXコンサルティングに定評がある。経済産業省登録中小企業診断士。

森井　康吏（もりい　やすふみ）
大手SIerグループ会社やITベンチャー企業を経て2019年より現職。自動車販売業や葬儀業、士業など幅広い業種に対して、業績向上・生産性向上を目指すためのDXを推進。デジタルの全体設計から現場導入、その後の継続的改善まで行っている。

森本　結佳（もりもと　ゆいか）
琉球大学卒。大手SIやCROにて放送、教育、住宅販売、生保、製薬など幅広い業界向けのシステム開発や業務パッケージ導入プロジェクトのマネジメントを経験し、2020年より現職。DXコンサルタントとして、業績向上・生産性向上のためのDX実現・推進支援を行う。

中村　勇志（なかむら　ゆうし）
大学卒業後、大手広告代理店に就職、トップ営業マンだった経歴を持つ。BIやRPAなどのデジタルツールを用い、現場を熟知したデータ分析で自動車、不動産、保険代理、アミューズメント、ゼネコン、アパレル、小売、士業など幅広いクライアントのデジタル化と業績アップに貢献している。

今木　翔太（いまき　しょうた）
大学卒業後、IT系企業へ入社し、生産性向上・人材育成を主なテーマとして従事。2018年より船井総合研究所に所属。中堅・大手向けの総合コンサルティングを主に扱い、人材育成、組織改革、デジタル化、生産性向上など幅広いコンサルティングの実績がある。特にデジタル活用と業務プロセス改革を組み合わせた生産性向上が強みである。

船井総合研究所　デジタルイノベーションラボ

中小・中堅企業を対象に専門コンサルタントを擁する日本最大級の経営コンサルティング会社。業種・テーマ別に「月次支援」「経営研究会」を両輪で実施する独自の支援スタイルをとり、「成長実行支援」「人材開発支援」「企業価値向上支援」「DX（デジタルトランスフォーメーション）支援」を通じて、社会的価値の高い「グレートカンパニー」を多く創造することをミッションとする。その現場に密着し、経営者に寄り添った実践的コンサルティング活動は様々な業種・業界経営者から高い評価を得ている。

デジタルイノベーションラボは、特にテクノロジーを活用して企業に変化をもたらすDXを担当。DXジャーニーマップを活用したコンサルティングに定評がある。DX自動化システム、データドリブン経営を推進。

担当になったら知っておきたい
中堅・中小企業のための「DX」実践講座

2021年8月10日　初版発行

著　者　船井総合研究所　デジタルイノベーションラボ
©Funai Consulting Incorporated 2021

発行者　杉本淳一

発行所　株式会社 日本実業出版社　東京都新宿区市谷本村町3-29 〒162-0845

　　　　編集部　☎03-3268-5651
　　　　営業部　☎03-3268-5161　振替　00170-1-25349
　　　　https://www.njg.co.jp/

印刷／理想社　　製本／共栄社

ISBN 978-4-534-05866-9　Printed in JAPAN

日本実業出版社の本

勝ち残る中堅・中小企業になる DXの教科書

野口浩之・長谷川智紀
定価 1980円 (税込)

コンサル経験豊富な著者が、人的資源や資金が豊富でない中堅・中小企業がどのようにして先端デジタル技術を取り入れ、ビジネスモデルを変えていくか、先進事例を交えて紹介する。

担当になったら知っておきたい
「プロジェクトマネジメント」実践講座

伊藤大輔
定価 2420円 (税込)

プロジェクトマネジメントの具体的知識とツールを、「目標設定」「計画」「実行」の3つの視点で解説。プロジェクトマネジャーを任されたら必読の1冊。国際基準ISO21500：2012に準拠。

IoT、AI、RPAで変わるモノづくり
イラスト図解　スマート工場のしくみ

松林光男 監修
川上正伸・新堀克美・
竹内芳久 編著
定価 1980円 (税込)

世界の製造業が変革を続けるなか、日本の工場がグローバル競争で生き残るため、IoT、AI、RPAなどをモノづくりにどう活かせばいいのか、基礎知識から今後の課題までやさしくイラストで図解する。

システム開発・刷新のための
データモデル大全

渡辺幸三
定価 3080円 (税込)

多くの案件を手がけた著者が、豊富な用例を取り上げながら、データモデルを読み書きするための実践的なスキルを解説する。技術者にもシステム担当者にも役立つ決定版。